충남대학교시민사회연구소 · 대전시민사회연구소 ‖ **시민사회연구 시리즈 04**

대전 원도심, 문화예술의 개성을 찾아 나서다

충남대학교시민사회연구소 · 대전시민사회연구소 I **시민사회연구 시리즈 04**

I 대전 원도심, 문화예술의 개성을 찾아 나서다 I

발행일 2015년 02월 28일 **발행인** 정상철
지은이 양해림 · 김선건 · 이용원 · 임기대 · 김민기 · 안여종 · 박찬인 · 전창곤 · 황의동
펴낸곳 충남대학교출판문화원 **주소** 대전광역시 유성구 대학로 99
전화 042-821-6045 **홈페이지** www.cnupress.co.kr **E-mail** cnupress@cnu.ac.kr

ISBN 978-89-7599-528-6 03300
정가 15,000원

충남대학교시민사회연구소·대전시민사회연구소 | 시민사회연구 시리즈 04

대전 원도심, 문화예술의 개성을 찾아 나서다

양해림 · 김선건 · 이용원 · 임기대 · 김민기 · 안여종 · 박찬인 · 전창곤 · 황의동

충남대학교출판문화원

여기에 실린 대부분의 글들은 지난 "2013년 대전 원도심 문화 · 예술의 개성을 찾아 나서다"(2013년 대전 원도심 문화 · 예술의 활성화방안 심포지움-, 2013, 5월28일, 충남대 인문대학 문원강당)라는 제목으로 발표한 내용을 중심으로 엮어 보았다. 박찬인 교수의「대전, '길' 에서 비롯되는 문화」, 황의동 교수의「대전유학' 의 인문정신을 찾아서」, 전창곤 대전 프랑스문화원장의「중구 문화거리 활성화 어떻게 할 것인가?」글을 추가로 실었다. 그리고 임기대 대전문화연대 대표의 대전 문화 · 예술 정책의 체계적인 수립을 위한 소고의 글을 추가로 보내 주셨다.

종종 대전은 특징이 없는 도시라 말한다. 하지만 편견을 깨고 도시 내부를 자세히 들여다보면 색깔 강한 거리들이 곳곳에서 대전을 장식하고 있음을 알 수 있다. 대표적으로 대전의 대흥동은 도심의 사랑을 받고 있었지만 둔산 지역이 개발되면서 빛이 다소 바래고 있는 것처럼 보인다. 하지만 대전의 대흥동은 문화 · 예술의 거리로 점차 피어나고 있다. 어느덧 대전지역 예술가들의 보금자리가 된 대흥동 거리는 끼가 충만한 요소들로 가득 채워가고 있다. 소극장과 작은 카페, 소규모 갤러리들이 옹기종기 모여 골목마다 나름의 분위기를 자아낸다. 유행에 휩싸이지 않고 저마다의 개성을 품은 골목들은 기웃거리기에 운치 있는 도심으로 자리를 잡아가고 있다.

원도심 문화 · 예술은 대전 전체를 대상으로 삼고 있지만, 주 무대는 역시 대흥동이다. 대흥동의 지역 예술가들은 주민과 상인을 중심으로 지난 5년에 걸쳐 "대흥동립만세" 라는 새로운 시도를 꾀하면서 지속적으로 축제를 해오고 있다. 이와 같은 노력으로 대흥동을 찾는 발걸음이 잦아지면서 대흥동 홍보에 박차를 가하는 프로젝트들이 속속 생겨나고 있다. 지난 대전 시립미술관에서 기획한 〈프로젝트 대전 2012 : 에네르氣〉는 원도심이었던 대흥동을 재조명한 바 있다. 거리 자체가 갤러리가 된 '원도심 프로젝트' 는 대흥동이 문화 · 예술의 메카로 발돋움 할 가능성을 충분히 보여주었다. 또한 대전문화재단에서도 '익사이팅 대전 원도심 활성화 프로젝트' 를 지속적으로 진행하고 있다. 대전의 거리는 예술작품이 새겨진 지난 가을 '깃발예술제' 를 개최한 바 있다. 또한 전시된 깃발을 쳐다보며 그 안에서 수묵화, 서예작품들을 만나 일상생활에서 예술을 만끽하고 있다. 이러한 즐거움을 더하기 위해서라도 문화유산, 골목, 시장, 문화시설 등 다양한 공간과 사람의 관계를 제대로 살려 대전 원도심 문화를 제대로 만들어 내야 할 것이다. 시민과 함께 소통한다면, 원도심 문화예술 살리기는 원도심에 새로운 활기를 불어 넣어 줄 것이며, 일상의 공간을 활용한 문화 향유 프로그램으로서 많은 시민들에게 주목 받을 수 있을 것이다. 최근 대전시는 논란이 되고 있는 충남도 관사촌 민간 매각에 대한 분명한 입장과 관사촌을 보존하여 문화예술 단체와의 협력을 통해 관사촌을 대전 시민이 문화예술복합공간으로 활용할 수 있도록 적극적인 역할을 해야 할 것이다.

끝으로 이 책을 위해 옥고를 보내 주신, 집필자 여러분들께 진심으로 감사한 마음을 전한다. 아울러 이 책의 원고를 흔쾌히 허락해 준 민경택 출판문화원장님, 양광준 과장님, 그리고 보다 좋은 책을 위해 교정, 편집해 준 충남대학교출판문화원 여러분께 감사한 마음을 전하고 싶다.

집필자를 대신하여

2015년 1월

양해림

01 8.15 광복 이전과 이후의 대전문화

02 원도심의 매력 : 문화를 통한 도시재생

03 원도심, 필요에 의한 소비가 아닌 축적이 필요하다

09 중구 문화거리 활성화 어떻게 할 것인가?

10 '대전유학'의 인문정신을 찾아서

-17세기 대전의 유학자를 중심으로-

01

8.15 광복 이전과 이후의 대전문화

양해림(충남대학교 시민사회연구소장/ 충남대학교 철학과 교수)

1. 들어가는 말
2. 문화란 무엇인가?
3. 8.15이전의 대전과 충청문화
4. 8.15 광복 이후의 대전문화
5. 과학과 문화의 도시: 2020년 대전 도시 기본계획
6. 대전 원도심문화의 활성화
7. 맺음말

‖ 대전 원도심, 문화예술의 개성을 찾아 나서다 ‖ 01

8.15 광복 이전과 이후의 대전문화*

양해림(충남대학교 시민사회연구소장/ 충남대학교 철학과 교수)

1. 들어가는 말

대전은 한반도의 중남부에 위치에 있으며, 남한 지역만을 대상으로 한다면, 우리나라의 중앙부에 있다. 전라도와 경상도, 충청도 관문으로, 서울까지는 167.3km, 부산까지는 294km, 광주까지는 169km의 거리에 있다. 경부 호남고속도로가 모두 대전을 지나가고 있으며, 통영-대전간 고속도로가 남쪽으로 뚫려 있고, 일반국도 또한 사방으로 뻗어 있다. 경부고속도로전철(KTX)의 개통으로 서울까지의 이동 소요시간이 1시간 이내로 단축됨으로써 이제 대전은 우리나라 중심도시로서의 그 위상이 더욱 높아지고 있다.

대전은 1905년 경부선 개통, 1914년 호남선 개통과 함께 철도 교통의 중심지로 1932년 충남도청이 공주에서 대전으로 이전하면서 충청남도의 행정중심지가 되어 근대도시로 성장하였다. 이러한 도시 성장의 과정에서 현재의 대전역과 구)충남도청을 중심으로 한 원도심을 비롯한 도처에 근대문화유산들이 산재해 있다. 이러한 연유로 지역의 정체성을 찾고 문화에 대한 시민들의 관심을 끌어내야 하는 시점이다.

대전은 삼국시대에는 전략의 요충지였고, 조선시대에는 박팽년, 송시열 등을 통해 학문적으로는 "기호학파(畿湖學派)의 중심지"[1]가 되어 성리학을 크게 발전시켰다. 지역성이나 민족의 고유한 독특성을 갖고 있을 때, 세계성의 의미도 부여받을 수 있다. 이런 점에서 문화는 개별성, 지역성, 그리고 보편성을 중요시한다. 우리가 충청문화, 중부권 문화 그리고 대전문화를 중시하는 이유도 여기에 있다. 따라서 정신적 유산과 특성이 지역문화의 특성이며, 정신적 풍토의 기초가 될 수 있다. 지난 1995년 6월 27일 지방자체제도의 실시와 더불어 지방의 특색을 살린 다양한 문화행사는 지역의 활성화에 일정 정도 기여하고 있다. 예컨대 한밭문화제, 우암문화제, 동춘당 문화제, 갑천문화제, 대전사이언스페스티벌, 으능정이축제, 식장산봄꽃축제, 신탄진 봄꽃축제, 유성페스티벌 등은 지역의 특색을 살리고자 하는 시도의 일환이다. 이제 대전시민들의 삶에 질에 대한 관심이 높아지면서 물질적인 욕구보다 지적 · 정신적 측면의 투자가 점차 요구되고 있다. 이런 관점에서 대전시는 문화 · 예술과 관련하여 기반시설이 수도권 못지않은 각종 문화생활을 영위할 수 있는 있는 노력을 기울여야 할 과제를 떠안고 있다.

---

* 이 글은 광복 68주년 기념 대전발전연구원 · 디트뉴스 공동세미나(2013. 8.14)에서 발표한 주제를 수정 · 보완한 것임.

1 기호는 경기지역과 호서지역을 합쳐 부르는 명칭이다. 호서라는 명칭은 조선 중종때 기록에 보이며, 여기서 호는 제천의 의림지라는 설과 공주의 금강을 호강(湖江).이라고 했다는 설에서 유래한다. 즉 의림지나 금강을 기준으로 호의 서쪽과 남쪽을 호서와 호남이라 불렀으며, 호서지역은 지금의 충청지역을 가리킨다.

2. 문화란 무엇인가?

오늘날 우리가 쓰고 있는 한자어 문화(文化)라는 말뜻은 '무늬 놓음', '글로 됨' 을 가리킨다. 그것은 문치교화(文治敎化)의 줄임 말로 볼 수 있다. 형벌이나 무력을 사용하지 않고 말이나 글로 대중을 교화한다는 의미를 함축한다. 문화라는 낱말이 서양말에서 유래했지만, 그 용어를 수용하면서 우리의 의미에 맞는 방향의 개념을 새롭게 부여하게 되었다.[2] 문화라는 개념은 고대로부터 현재에 이르기까지 다의적 정의를 내려왔기에 정확히 규정하기가 다소 어렵다. 영국 인류 사회학자의 조사 결과에 따르면, 18세기부터 1952년 사이에 내려진 문화의 정의만 해도 160여 가지에 이른다고 한다. 그렇기 때문에 문화의 개념은 학자들마다 제각기 다의적인 정의를 내려왔다. 즉 문화를 연구하는 철학자, 신화학자, 문화인류학자, 사회학자, 심리학자, 민속학자들은 문화의 정의를 절대적 확신에 차서 말하지 않고 대체로 공감할 수 있는 일반적 정의를 내릴 뿐이다. 일반적으로 문화는 거친 자연 · 야성 · 조야함을 벗어나 인간이 자신의 상상력을 지시하는 완전성을 기준으로 자연을 가꾸고 개작한 인간의 자기 활동의 산물이라 할 수 있다.[3]

21세기를 가리켜 "문화의 시대" 라 부른다. 특히 지구촌 시대를 가리켜 문화의 시대라 부르고 있다. 지금껏 정치, 경제, 사회 등의 우선순위에서 항상 밀려왔던 문화가 중요한 핵심개념으로 등장했다. 지구촌시대에서 과학과 문화는 서로 동떨어진 칭호가 아니라 아주 밀접하게 연관되어 있기 때문에 특히 과학은 문화에 의존하는 경향이 다분히 많다. 우리의 일상사에서 문화는 순간마다 만들어진다. 이 때문에 "종교, 예술, 철학, 새롭게 정립된 문화학, 매체, 그리고 그 밖에 교육시설, 박물관, 기록보관소 등과 같은 수많은 학문과

2 이기상, 『콘텐츠와 문화철학』, 북코리아, 2009, 68쪽.

3 김종헌, 『문화해석과 문화정치』, 철학과 현실사, 2003, 14쪽.

제도가 문화의 불확실한 구조를 분석하고 문화의 증가를 입증된 기준에 따라 수집 · 평가 활용하는 일을 전문적으로 하게 된다."[4] 하지만 문화는 학자나 전문가들의 전유물이 아니라 어느 누구든지 사용하는 일상용어로 이제 뿌리를 내렸다. 아직도 그 일부에서는 연극 · 음악 · 미술 · 무용 등과 관련하여 문화라는 말을 이해하는 경향이 없는 것은 아니지만, 이와 관련된 일에 종사하는 사람들을 정계나 학계 또는 경제계에 일하는 사람과 구별하여 문화계인사라고 부르는 관행이 없지도 않다.

그러나 현재의 문화는 중국문화 · 일본문화 · 미국문화 · 한국문화, 충청문화, 대전문화 등 지역과 관련해서 뿐만 아니라 고대문화 · 근대문화 · 현대문화 등 시대와 관련된 경우, 서민문화 · 대중문화 · 청소년문화 · 노인문화 등 계층과 연령에 관련된 경우, 놀이문화 · 음식문화 · 의복문화 · 주거문화 · 소비문화 등 일상생활과 관련된 경우, 자동차 문화 · 인터넷문화란 말에 이르기까지 문화란 말이 아주 널리 사용되고 있다.

우리말 문화(文化)에 해당하는 서양말은 희랍어 쿨투라(cultura)에서 유래한다. 쿨투라는 동사 콜레레(colere)로부터의 전성명사로서, 보살피다, (밭을) 가꾸다, 개작한다, 경작하다, 재배하다, 혹은 (신체)를 훈련하다 등의 기본적 의미를 지니는 말이다.[5] 쿨투라는 동사 콜레레(colere)로부터의 전성명사로서, 콜레레는 보살피다, 가꾸다, 개작한다, 경작하다 재배하다 등의 기본적 의미를 지니는 말이다. 로마의 철학자 키케로는 은유적이고 철학적 의미에서 영혼의 교양형성(cultura animi)를 말했다. 여기서 '교양형성' 은 성취하는 상태이기 보다는 교양을 성취해 가는 과정으로 이해하였다. 이때부터 쿨투라는 물질적 영역을 가꾸는 것보다는 마음(영혼, 정신)을 가꾸는 것으로 생각하게 되었다. 특히 쿨투라는 도덕적 정신을 함양하는 전통을 포함하고 있었다. 하지만 쿨투라의 개념은 19세기 문화인류학이 등장하기 전까지는 보편적 용어로 정착하지 못

---

4 랄프 콘너스만, 『문화철학이란 무엇인가』, 이상엽 옮김, 북코리아, 2006, 16쪽.

5 우리사상연구소엮음,「문화란 무엇인가」, 『우리말 철학사전 1』, 지식산업사, 2004, 41쪽.

했다.[6] 그 내용으로 보았을 때 그리스의 파이데이아(paideia)가 그 개념에 해당하는 것으로 학자들은 설명한다. 즉 오늘날 폭넓게 쓰이는 문화개념은 근대의 산물이라 말할 수 있지만, 고대 그리스시대에 그 연원을 두고 있다. 서양철학의 문화이념은 "소피스테스의 문화이념"에 대한 플라톤의 비판과 그것에 대한 대안에서 그 기원을 찾을 수 있다. 파이데이아는 능동적 시민양성을 위한 일반교양 교육을 나타내는 용어이며, 기원적 5세기 중반부터 소피스트들이 그리스 도시국가의 젊은이들에게 실시한 사적인 교육이었다. 또한 그리스, 로마 시대의 수사학자들이 실시한 고전교육에서 기본이 되는 교육내용이었다. 플라톤은 소피스테스에 의해 파괴된 "퓌지스(phusis)와 노모스(nomos)"[7]의 결합을 시도하면서 파이데이아의 의미를 새롭게 규정했다.[8]

예거(Werner Jaeger)에 따르면, 플라톤은 철학만이 영원한 질서에 관한 참된 지식을 제공하며, 철학에서 참된 파이데이아를 실현할 수 있다고 보았다. 예컨대 수학과 천문학은 참된 파이데이아를 위한 하나의 예비적 수단이라 보았다.[9] 파이데이아는 교양, 수련, 교육 등의 의미를 지닌다. 즉 이 용어는 한 인간이 자기 존재의 고유하고 진정한 형상에 이르게 되는 과정이다. 이 정신이 라틴어 'Cultura'에 전수되고 있다.[10] 이러한 문화라는 말은 매우 다의적으로 쓰인다. 즉 ① 땅을 가꾸고 식물을 경작하고 동물을 키우는 행위를 말한다. ② 마음을 가꾸는 것이다. ③ 사회의 발전과정을 의미한다. ④ 특정 집단에 의해서 공유되는 의미, 가치 그리고 삶의 방식이다. ⑤ 의미를 만들어 내는 의미화

---

6 원승룡,『문화이론과 문화철학』, 서광사, 2007, 24쪽.

7 소피스테스들은 퓌지스(phusis)와 노모스(nomos)를 엄격히 분리, 대립시켰다. 사람이 개입하지 않고 저절로 움직이고 자라는 것(자연)과 사람이 만들었거나 사람에 의해 유지되는 것(관습과 제도)을 서로 엄격하게 분리해서 생각했다. 퓌지스라는 용어는 보통 자연이라 번역된다. 고대 이오니아 철학자들이 전체 실재 또는 가장 물질적인 원천이나 구성요소에 대해 사용하기 시작했던 것이 바로 이 용어였다. 노모스는 법이나 관습 또는 풍습으로 번역된다. 노모스에 가장 가까운 현대적 용어는 규범(norm)이다. 법률로서의 노모스는 법적으로 규정된 규범이고, 관습으로서의 노모스는 관습에 의해 규정된 규범이다(조지 커퍼드,『소피스트 운동』, 김남두 옮김, 아카넷, 2004, 183-185쪽 참조).

8 강영안,「문화개념의 철학적 배경」,『문화철학』, 철학과 현실사, 1996, 197쪽.

9 Werner Jaeger, *Paideia; the Ideals of Greek Culture,* New York: Oxford University Press, 1943, 291쪽.

10 이기상,『콘텐츠와 문화철학』, 67쪽.

의 실천이다. 많은 경우에 있어서 문화는 자연이나 야만과 구별되기도 하고, 어떤 때에는 문명과도 비교된다. 문화(영어:Culture, 독어: Kultur)는 거친 자연 · 야성 · 조야함을 벗어나 인간이 자신의 상상력을 지시하는 완전성을 기준으로 자연을 가꾸고 개작한 인간의 자기 활동의 산물이다. 즉 문화란 자연과 대립되는 개념으로서 인간이 자연을 가공하여 창출해 낸 정신적 및 육체적 노동의 총화를 의미한다.

요약하여 말한다면, 어떤 삶의 형태가 문화적이냐 야만적이냐를 가름해 주는 최소한의 준거는 그것이 얼마만큼 야성을 분장하여 세련화시켰는가? 즉 자연개작이 적절하게 이루어졌는가, 문자화 내지 교양형성(Bildung)이 얼마만큼 되었는가? 도덕화가 충분히 달성되었는가? 하는 물음들이다. 이와같이 문화의 개념은 다양하게 정의 내릴 수 있다. 즉 철학적 · 인류학적 · 역사학적 · 사회학적 관점에서의 개념도 있고, 대중문화에 대한 관심에서 야기된 문화의 개념도 있을 수 있다. 이 말이 좁은 뜻을 가질 때는 문학 · 예술과 관련된 문화적 생산물이나 활동이나 제도를 가리킨다. 예컨대 신문, 잡지의 문화면은 문학작품과 미술전시회, 음악이나 연극 공연에 관한 평론을 싣는다. 넓은 뜻의 문화개념은 인류학적 · 역사적인 문화개념이라 말할 수 있다. 이 개념은 인류가 주어진 환경조건을 극복하면서 만들어온 도구와 사물, 제도들을 포괄하는 "문명"이라는 의미에서 문화의 개념이다. 즉, 문학예술만이 아니라 근대에 이르러 뚜렷하게 모양을 갖춘 과학 · 종교 등의 영역까지를 포괄한다. 문화는 가장 넓은 뜻의 문화는 자연에 대립되는 인간의 활동과 그 산물 전체를 가리킨다. 우리는 삶의 손길을 타지 않은 채 잇는 것을 '자연' 이라고 부르며, 사람이 만든 것을 통틀어서 '문화' 라고 일컫는다.

서양에서 문화의 개념은 대체적으로 17세기에 이르기까지 "자연 상태와 문화 상태로 대비되어 이해되어 왔다. 이 당시 문화는 " 인위적 손길이 닿지 않는 자연"이란 개념과 대비되어 사용되어 왔다. 따라서 문화는 개인의 개별적인 차원의 사회, 공동체와 연결되거나 또는 분리되는 영역에서 다루어 졌다.[11] 다시 말해 문화란 자연과 대립되는 개념으로서 인간이 자연을 가공하여 창출해 낸 정신적 및 육체적 노동의 총화를 의미한다. 이 말이 좁은 뜻을 가질 때는 문학 · 예술과 관련된 문화적 생산물이나 활동이나 제도를 가리킨다. 예를 들어 신문, 잡지의 문화면은 문학작품과 미술전시회, 음악이나 연극 공연에 관한 평론을 싣는다. 넓은 뜻의 문화개념은 인류학적이고 역사적인 문화개념[12]이라 말할 수 있다. 이 개념은 인류가 주어진 환경조건을 극복하면서 만들어온 도구와 사물, 제도들을 포괄하는 "문명"의 의미에서 문화의 개념이다. 문화는 문학의 예술만이 아니라 근대에 이르러 뚜렷하게 모양을 갖춘 과학 · 종교 등의 영역에 이르기까지 광범위하다. 문화에 대한 보편타당한 개념의 규정을 내릴 경우, 사용방법의 불충분함에 있는 것이 아니라 사태의 다양성과 그것의 특수한 존재방식에서 나온다.[13]

고대와 중세의 사상가들은 '문화'를 본질적으로 명상으로 이해했다. 문화라는 새로운 용어는 18세기에 이르러 생겨난다. 그것은 곧 근대 언어들, 특히 독일어에 있어서 유럽의 모든 다른 언어들 속에 도입되었다. 문화는 더 이상 농토 경작이라는 본래의 물질적 의미로 이해하지 않고 인간과 그의 영적 기능들에 대한 양성이란 상징적 의미로 이해되었다. 따라서 그리어의 파이데이아는 라틴어 disciplina(훈련) 또는 humanitas(인문)와 같은 값을 지니게 되었다.[14] 고 · 중세 그리고 근대이후로도 문화에 대한 정의는 아주 다양 하지만, 문화에 대해 현대적 정의를 처음으로 내린 사상가는 영국의 인류학자 타일러(E. B. Tylor)였다. 타일러는 그의 『원시문화(Primitive Culture)』의 저서에서, "문화 혹은 문명이란 지식 · 신앙 · 예술 · 법률 · 도덕 · 풍속 등 사회의 일원으로서 인

11 신응철, 『문화철학과 문화비평』, 철학과 현실사, 2003, 17쪽.:

12 대체로 학술계에서 지금까지 논의되어 온 문화라는 개념은 크게 두 갈래로 분류할 수 있다. 하나는 주체적 또는 교육학적 문화개념이며, 다른 하나는 객관적 또는 인류학적 문화개념이 그것이다(W. Perpert, *Kultur, Kulturphilosophie,* Historisches Wörterbuch der Philosophie, Bd. 4. Basel, Stuttgart, 1976, 1209-1324: Reinhart Mauer, Kultur, Handbuch philosophischer Grundbegriff, München, 1973, 823-832쪽.

13 랄프 콘너스만, 앞의 책, 14쪽.

14 바티스타 몬딘, 『전환기의 새로운 문화 모색』, 이재룡 옮김, 가톨릭 출판사, 2002, 60쪽 이하

간이 취득한 능력과 습관의 총체"[15]라 말한다. 린드(Lynd)에게 있어서도 문화는 "동일한 지역에 사는 사람들의 공동체가 하는 일, 행동방식, 사고방식, 감정, 사용하는 도구, 가치, 상징의 총체"[16]라 정의하였다. 또한 반 퍼어슨(C. A. Peursen)에 따르면, "사람들은 문화를 고정된 어떤 것, 즉 명사라 특징짓는다." 즉, 그에 의하면, 문화의 속성은 단지 명사가 아니라 동사라 말한다.[17] 단적으로 반 퍼어슨은 " 문화를 "인간 활동의 결과"[18]로 간주한다. 그래서 그는 문화를 '만들어진 형성물' 이라는 점에 강조를 두는 것이 아니라 인간이 끊임없이 무엇인가를 만들며 그러기 위해 배우며 학습해 가고 있는 활동에 초점을 맞추어야 한다고 강조한다. 레이몬드 윌리엄스(Raymond Williams)는 오늘날 예술적 · 지적 활동은 일반적인 표의체계에 역점이 주어짐에 따라 전통 예술과 지적 생산형태를 포함한 모든 의부여의 작업들, 즉 언어에서 철학, 언론 유행 및 광고에 이르기 까지 포함하게 되었다고 말한다.

첫째로, 전통의 의미에 해당하는 것으로서 문화는 지적인 작품이나 실천행위를 가리킨다. 둘째, 보다 넓은 의미에서 문화는 "의미를 나타내는 모든 실천행위가 된다." 의미의 생산 · 전달 · 해석하는 모든 실천적 습속이나 과정들이 포함된다. 그 실례로 클래식 음악 감상뿐만 아니라 대중가요 · 연극 · 영화 · 만화 · 회화 · 조각 · 음악 일반의 옷차림도 문화연구에 포함된다. 이러한 문화의 개념은 20세기에 들어와서 보다 다양하게 확장된다. 대중매체의 등장으로 고급문화 양식뿐만 아니라 대중문화의 양식까지도 포함하게 된다. 즉 대중매체의 내용에 의해서 사회에 널리 퍼진 노동계급이나 중간계급의 문화양식까지 의미가 확대된 것이다.

셋째, 가장 광의의 차원에서 문화는 "한 인간이나 시대 또는 집단의 특정

---

15 A. L. Kroeber, *The Nature of Culture,* The University of Chicago Press, 1952, p.119.

16 A. L. Kroeber & Kluckhohn, *Culture: A Critical Review of Concepts and Definitions,* Vintage Books, 1963, p.96.

17 C. A. 반 퍼슨,『급변하는 흐름 속의 문화』, 강영안 옮김, 1994, 132쪽.

18 C. A. 반 퍼슨, 앞의 책, 19쪽.

생활방식" 을 지시한다. 흔히 이 부류는 인류학적 정의로 불리며 문화란 우리가 살아가는 일상적 삶의 방식이 된다. 여기서 문화는 단수가 아닌 복수의 의미를 지닌다.[19] 여기서 문화는 단수가 아닌 복수의 의미를 지닌다. 최근 국내에서 논의되는 대중문화는 두 번째와 세 번째의 개념에서 출발한다. 이와 같이 문화는 사회적 질서가 소통되고, 재생산되고, 경험되고, 탐색되는데 필요한 기호체계라 할 수 있다. 따라서 문화적 실천 및 문화생산은 단순히 다르게 구성된 사회적 질서에서 도출되는 것이 아니라 구성을 짜는데 중요한 요소로 작동한다.

우리말 문명에 해당하는 서양말은 대게 라틴어로 시민(市民, civis)이라는 뜻을 가진 말에서 유래한다. 프랑스어로 시민화(civiliser), 곧 문명(civilisation)은 사람을 시민으로 만듦, 곧 사람들로 하여금 일정한 법과 질서를 지킴으로써 사회를 형성하고 그 사회의 일원이 되게끔 만듦을 뜻한다.[20] 리스 파이데이아에서의 '도야' 또는 '훈련' 의 의미를 갖고 있음을 뜻한다. 하지만 시민사회의 출현과 함께 문화의 개념은 차츰 변화하기 시작하였다.[21] 자신의 존재를 보존하고자 하는 인간의 요구 때문에 인간은 "노동의 고통"[22]을 감수하며 지식을 추구하고, 법을 만들어 내며 시민사회를 형성한다. 문화화 된(kultiviert) 상황 혹은 문명화된(zivilizierт) 상황이 학문과 예술, 법질서와 도덕체계를 만들어 냈다. 근대사회의 문화의식은 문명의식에서 엿볼 수 있는데, 이는 "시민이 되게 하다", "세련시키다" 등으로 바꿔어 표현하여 나타났다. 즉 이는 서구 근대가 성취해 낸 과학기술을 통한 생활조건의 변화, 민주주의 정치제도의 법제도,

---

19 Ramond Williams, *The Sociology of Culture,* New York:Schocken, 1982, 1장: p.12.

20 우리사상연구소엮음, 『우리말 철학사전 1』, 지식산업사, 2004, 50쪽.

21 이러한 실례들은 볼테르의『각 민족의 풍습과 정신에 관한 연구』(1756),『튀르고의 인간정신의 연속적인 진보에 관한 철학적 도표』(1751)와『보편사에 관한 두 논의』, 칸트의『세계시민적 관점에서 본 보편사의 이념』, 그리고『콩도르세의 인간정신의 진보에 관한 역사도표 시론』등이 그것이다.

22 인간은 기본적인 생존조건에 참여하는 노동을 경시하는 경향이 있다. 호모 사피엔스(homo spiens)만이 인간으로서 정치적 활동을 누릴 수 있으며, 노동인(homo laborans), 공작인(homo faber)은 공적 무대에서 박탈된 사적 공간(privatus)에 갇히게 된다(김석수,「사회의 의미와 위상에 대한 반성적 고찰-시민사회를 중심으로-」, 한국철학회 편,『현대문화와 철학의 새지평』, 철학과 현실사, 2005, 78쪽).

예술과 학문의 대한 우월의식을 반영하고 있다.[23] 인간의 주체의식은 다른 사람을 대상으로 여기게 되면서 자기 자신까지도 대상화하기 시작한다. 대상으로서의 타인을 자기와 동등한 주체로 변환시킬 때 공동체의식이 형성되고 시민사회가 성립하게 된다.[24] 칸트에 따르면, "문화의 도덕화" 를 통해 문화의 진로에 인간이 개입해야 한다고 본다. 이러한 개입은 교육에 의해서 행해지는데, 그는 인간 교육의 목표를 네 가지로 제시한다. 첫째, 동물성을 제어하기 위한 훈련, 둘째, 자신이 설정한 목적을 위해 수단을 찾아낼 수 있는 능력과 적성의 개발, 셋째, 시민으로서 적합하게 살 수 있는 능력, 넷째, 단지 목적을 위해 수단을 선택할 수 있는 심성을 갖게 하는 도덕적 훈련이 그것이다.[25] 또한 중요한 문화개념으로 문명개념과 연결되어 있어 그에 영향을 미치는 소위 민속이나 관습의 의미에서의 문화개념이다. 문명이란 사람이 자연 안에서 자연과 더불어 살면서 그러나 무지몽매한 야만과 자연의 예속에서 벗어나 자연 위에서 자연을 다스리는 지혜를 터득하고 인간답게 사는 이치를 깨우쳐 밝은 빛 속에 있는 상태를 일컫는다. 인간답게 산다는 것은 사람들이 일상생활에 필요한 여러 가지 도구를 개발하여 서로 골고루 나누어 씀으로서 시간의 측면에서나 재화면에서 삶의 의의를 새겨 볼 여유를 갖는 것이다. 우리말 문명에 해당하는 서양말은 라틴어로 시민이라는 뜻을 가진 말에서 유래한다는 사실을 생각해 볼 수 있다.

23 강영안, 「문화개념의 철학적 배경」, 『문화철학』, 철학과 현실사, 1996, 208-209쪽.

24 우리사상연구소엮음, 『우리말 철학사전 1』, 지식산업사, 2004, 53쪽.

25 임마누엘 칸트, 『칸트의 역사철학』, 이한우편역, 서광사, 1992, 37쪽.

3. 8.15이전의 대전과 충청문화

앞서 언급했듯이, 문화란 그 정의를 한마디로 내릴 수 없듯이 다양하고 복잡하다. 고대 그리스의 능동적 시민양성을 위한 일반교양이라는 의미로부터 시작하여, 교육지식 · 신앙 · 예술 · 법률 · 도덕 · 풍속 등 사회의 일원으로서 인간이 취득한 능력과 습관의 총체를 뜻하기도 하고, 한 인간이나 시대 또는 집단의 특정 생활방식, 인간이 정신활동을 하는 총체적 결과물 등을 일컫는다. 그러면 대전에서 근대화 이전의 문화는 어디에서부터 그 근원을 찾을 수 있는가?

먼저 유교문화의 근원에서 찾아올라 갈 수 있다. 대전을 비롯한 충청도는 중앙에 가깝다는 지리적인 좋은 여건 때문에 중앙관료가 은퇴하거나 다시 벼슬을 하기 위한 대기지점으로도 선호하는 지역이었다. 충청도는 기호사림이 크게 발호한 곳이기도 하다. 주지하듯이, 사림은 조선의 성리학이 퇴계 이황(李滉)과 율곡 이이(李珥)의 각기 다른 학설에 따라 그 학풍이 영남, 기호학파로 양립되면서 서인, 노론, 소론이란 붕당을 형성하면서 조선후기 정치와 학문에서 주도적인 역할을 수행하였다. 대전은 조선시대의 행정구역으로 보면, 대전천을 경계로 그 동북쪽이 회덕현, 서북쪽의 대부분이 공주목, 그리고 남쪽의 진잠현 등 세 개의 행정구역이 합쳐진 곳이다. 회덕현은 송시열, 송준길이 정치적, 학문적으로 크게 부각되었다. 송시열의 학문과 춘추대의 정신은 조선말엽 한국사에서는 위정척사의 사상 및 항일의병 활동으로 이어졌다. 즉 우리나라의 전통문화 문화를 지키고, 서양문화와 사상을 배척한 위정척사 사상은 서양과 일본을 동일시한 일본의 침략으로부터 조선을 지키려고 하였고, 이러한 의식은 항일 의병 전쟁으로 계승하였다.[26]

---

26 강병수 외, 『대전학입문』, 대전학연구회, 2010, 93쪽.

그리고 회덕의 가문에서는 후손인 송병선에게로 이어졌다. 공주지방에 자리 잡은 사족으로 안동 권시, 남원 윤씨, 충주 지씨 등이 학문적으로 크게 두각을 보이면서 영향을 주었다. 공주지방의 탄방동에 근거한 안동 권씨 가운데 우뚝한 이는 권시였다. 그리고 권시와 더불어 학문적 특징을 이룬 이는 윤휴였다. 윤휴의 학문적 전통은 이익, 권철신, 정약용에로 이어지는 성호학파의 실학 속에서 오늘날 새로운 빛을 비추고 있다.[27] 홍성에서 출생한 성삼문, 박팽년 등 사육신을 비롯한 임지왜란 때 금산성 전투에서 순결한 조헌, 이 고장 출신의 김정들을 절의와 의리의 상징으로 추앙하여 그 업적을 선양하면서 의리정신의 정신적 바탕으로 수용하였다. 충청도 선비는 김장생의 문하에서 성장한 이들이 주류를 이루었는데, 그 중심지역은 지금의 대전이었다. 이와 같이 대전은 성리학적 입장을 취한 사림과 진취적이고 개방적이며 학문적 주체의 자각을 일깨워 준 사림들이 무리하면서 조화를 이루어 나갔다. 1906년 3월 이후로 기재된 대한매일신보의 대전, 충청남도기사에 따르면, 1906년 1월 홍주군 우체주사 이봉림이 을사조약 소식에 격분하여 일본인 우체국장을 죽이고 자결한 사건이 있었다. 1907년 3월9일부터 충남지역에서도 국채보상운동 및 국채보상의연금 기탁 자강운동에 충청지역인사들이 중심이 되었다. 즉 기호홍학회가 이때 조직 결성되어 자강운동에 가담하였다.[28]

경부선 철도 부설권을 획득한 일제는 대륙을 침략하기 위해 부산과 신의주를 잇는 경부선 철도 부설공사를 서울과 부산에서 동시에 시작하였다. 1905년 경부선이 개통되고, 1914년 호남선 철도가 건설 개통되면서 대전은 이 철도건설에 종사한 일본인들과 그 가족 친지들을 중심으로 인구가 늘고 교통의 요충지로 자리 잡아 나갔다. 대전이라는 신도시가 면급 이상으로의 행정구역으로 발돋움한 것은 1910년 경술국치 직후인 1914년 대전군 대전면이 설치되면서부터 이다. 일본인에 의해 건설되고 일본인들이 다수 점하고 있는 신흥

---

27 최근묵, 『대전문화』, 창간호, 1992, 23쪽.

28 도면희 · 사문경편, 『대한매일신보로 보는 한말의 대전 충청남도』, 도서출판 다운 샘, 2002, 15-16쪽.

도시 대전에서도 3.1 독립만세 운동이 일어났다. 대전역에서 독립만세 운동이 처음으로 일어난 곳은 지금의 인동 장터인 대전 장터이다. 양사고(梁士古) 등이 많은 시민들과 함께 1919년 3월 16일 인동 장터에서 3.1 독립만세운동을 주도하였다.[29] 3.1운동 이후에도 대전의 인구는 지속적으로 늘어나 1931년 4월 1일에는 대전면이 대전읍으로 승격되었다.

그 당시 『동아일보』 기사에 따르면, 1931년과 1932년 대전지역의 가장 중요한 이슈는 충남도청 이전문제였다고 보도하였다. 도청이전은 대전지역에 많은 경제적 이득을 가져다 줄 것으로 대전지역민들이 생각하고 있었기 때문이다. 특히 대전지역에 거주하는 일본인들과 한국인 유력자들이 자신들의 경제적 이득을 위해 도청 유지에 적극적이었다. 충남도청 이전 논의는 1920년대 중반부터 시작되었는데, 대전뿐만 아니라 공주, 조치원의 일본인 집단에게는 사활이 걸린 중요한 문제였다. 대전은 교통이 편리하고 발전 가능성이 큰 신흥도시라는 명분을, 천안 유지들은 충남 서북지역의 9개군의 중심지라는 명분을, 그리고 조치원은 충남북을 합병하여 그 중심지인 조치원에 충남도청을 세워야 한다는 명분을 앞 세웠다. 대전 지역의 유지들은 충남도청의 유치를 위해 대전기성회를 1930년 11월 결성하였다.[30]

지난 1930년 전반기는 일제가 세계 공황에 따른 위기를 돌파하고자 식민지 수탈을 강화하던 시기다. 그 과정에서 우리 한국인들의 저항이 더욱 거세었고, 사회주의 사상을 수용한 사회운동이 활발한 시기였다. 이 시기에 대전지역에도 조직적인 사회운동이 전개되었다. 1920년대 대전지역에는 문화주의에 기초한 청년운동, 노동조건 개선을 위한 노동쟁의나 소작쟁의가 산발적

29 용두동에 있던 일본 헌병대와 문화동에 있던 보병대가 출동하여 무차별 사격을 가하여 15명이 사망하고 수십명이 부상당했으며 9명이 체포되었다. 유성장터에서는 3월16일 지족동에 살고 있던 이권수, 이상수 형제가 미리 태극기를 준비하여 독립만세운동을 주도하였다. 그 이외에도 세천과 유천동, 가수원 등지에서 만세운동이 있었고, 4월1일 또 다시 대전 장처와 유성, 회덕, 갈마동 등지에서 만세운동이 일어났다(강병수외,『대전학 입문』, 대전학연구회, 2010, 97쪽).

30 그 당시 대전기성회 회장에서는 대전읍장 출신이며 대전번영회 회장을 역임한 백석철이랑(白石讖二郎), 부회장은 김창수와 촌미이세송(村尾伊勢松)이 선출되었다. 백철이랑은 대전지역을 대표하는 일본인이었다(『대전시사 자료집 Ⅷ』, 대전광역시사편찬위원회, 2013, 17쪽.).

으로 전개되었다. 그러나 1930년대 전반기는 지역사회에 확산된 반일 감정을 바탕으로 조직적인 사회운동이 시도되는데, 이를 충남전위동맹사건이라 부른다.[31]

1932년 10월1일에는 충남도청이 공주에서 대전으로 이전해 옴으로써 대전은 충청남도의 행정중심지로 자리매김하면서 행정구도가 확장되어 이때부터 신흥도시로서의 면모를 갖추어 나갔다. 1935년 10월대전읍이 대전부로 승격되면서 대전군은 없어지고, 1940년 11월1일에 일부 지역을 편입하여 면적 35.7Km^2, 인구 69, 721명에 달하는 우리나라 24개부 가운데 17번째가 되는 도시로 발전하였다.

4. 8.15 광복 이후의 대전문화

1945년 8월15일 조국이 광복되면서 일본인이 물러나자 광복과 더불어 외지에서 들어 온 많은 우리 동포들이 그 빈자리를 채우면서 대전은 혼란스런 세월을 보냈다. 1949년 8월15일 지방자치법이 발효되면서 대전부가 대전시로 개칭되었다. 그 당시 인구는 126,704명이었는데, 이때부터 대전천을 중심으로 서부지역에 자리한 시청과 도청의 관청가에 따라 시가지가 형성되고 주택지가 개발됨으로서 대전은 발전된 면모를 보이기 시작하였다.

1970년대에 들어오면서 대전은 국토종합개발의 중심에 있어 왔다. 1970년

31 충남전위동맹사건은 1932년 지역사회의 이슈였던 대전군시제사 동맹파업 처리과정에서 그 실체가 드러났다. 1932년 11월10일 동아일보는 남녀직공 66여명이 단식하고 동맹파업을 벌였는데, 노동시간 단축, 임금인상, 식사개선을 요구하였다고 보도하였다. 이후 11월17일까지 거의 매일 대전군시제사공장 동맹파업을 보도하였으며, 11월17일에는 직올 측의 승리로 마무리되었다고 보도하였다. 그러나 이 동맹파업에서 20d여명이 구속되었던 대규모 사건이었다(『대전시사자료집 Ⅷ』, 대전광역시사편찬위원회, 2013, 22쪽.).

9월17일 대전-부산간 경부고속도로가 완전 개통되었고, 그해 12월 30일에 대전-전주간 호남고속도로가 개통되면서 대전은 서울과 영 · 호남을 잇는 교통의 요충지로서 명실상부한 국가발전의 중심도시로 변모했다.

1992년 대덕단지가 준공됨으로써 과학도시로서의 정체성을 세워 나갔다. 1993년 8월7일부터 93일간 대전 엑스포(The Taejon Expo 93)는 세계의 이목을 집중시켰다. '대전엑스포 93' 은 아시아에서 두 번째로 개최되었던 국제박람회기구(BIE) 공인의 전문박람회로 60개국 및 33개 국제기구가 참가하였다. 대전엑스포는 우리나라가 거둔 산업화의 눈부신 성공의 결과를 보고 21세기를 대비하기 위한 것으로 약 1천 4백만명이 넘는 내 · 외국인 방문하였고, 대전뿐만 아니라 한국을 세계에 알린 역사적인 의미가 있다. 대전엑스포가 성공적으로 개최되면서 전 세계인의 이목을 끌었으며, 한국 국민이면 누구나 한 번쯤 들어봤을 만한 인지도를 가지고 있다. 교육적인 놀이공간을 넘어 과학기술교육의 장으로 활용되고 있는 엑스포 과학공원은 국민들에게 과학기술의 중요성을 인식시키는 곳으로 인지도를 높였다. 이로 인해 대전이 과학과 문화가 조화를 이루는 선진도시로 발전하는 계기를 마련하였다. 1995년 대전직할시는 대전광역시로 명칭이 바뀌었고, 1995년 7월1일부터 민선지방선거가 출범하였다.

2000년대에 들어서면서 대전은 품격 높은 도시로서의 면모를 갖추기 시작하였다. 갑천변에는 한밭수목원이 조성되어 시민의 휴식공간으로 활용되는가 하면, 대전시립미술관과 이응노 미술관이 건립되었다. 그리고 국제규모의 대전문화예술의 전당이 건립되었고, 시민들의 문화 예술의 향수를 어느 정도 충족시켜 주고 있다. 대덕테크노밸리가 선포되어 과학단지가 관평동 일원에 조성됨으로써 대덕연구단지 및 지역의 대학과 연계한 과학벨트를 형성하여 미래첨단과학단지 사실로서의 소임을 다하고 문화 · 예술과 조화를 이루고자 노력하고 있다.

5. 과학과 문화의 도시: 2020년 대전 도시 기본계획

정부는 지난 2000년에 문화산업을 국가핵심 전략사업으로 육성하였으며, 지방문화산업 기반조성 사업을 추진한 바 있다. 이는 지역별 특화된 문화산업 집적화에 기반을 두어 대전 첨단 문화산업이 클러스터 조성 사업을 추진한 결과 유성구 도룡동 엑스포로 일부 338.579mm^2(약 10만평)를 문화산업 진흥기본법에 의거하여 2008년 2월29일 첨단문화산업지구로 선정하였다. 무엇보다 문화산업진흥지구로 이전하는 문화콘텐츠기업에 대해서 취득세, 등록세, 면제 및 재산세, 법인세를 감면하는 혜택을 누릴 수 있다. 이로 인해 기업과 기업연구소, 대학 등 산학연을 클러스터화 하여 민간투자 활성화를 유도하기 위한 것이라 한다. 향후 대전시는 추진 로드맵에 따르면 문화관광부의 승인 통보에 따라 세제지원을 위한 관련법과 시 조례 개정 등을 추진할 예정이다.

대전시는 다가오는 국내외 여건변화를 수용하면서 문제점을 해결하고 새로운 발전기획의 잠재력을 극대화하면서 시민들의 소망을 담은 대전시의 미래상을 제시했다. 시민 및 청소년의 여가활동 및 공간제공과 보다 많은 외국 관광객이 찾고 즐길 수 있도록 새로운 문화콘텐츠 개발 및 문화관광자원을 확충하여 타시도와 차별화된 첨단과학을 접목한 국내 최고의 과학문화벨트를 조성한다는 계획이다. 이는 새로운 개념의 차별화된 문화, 관광자원을 개발하여 향후 과학 · 문화 · 관광이 어우러진 관광명소와 관광산업 및 지역경제의 활성화에 기여하는데 있다. 대전시는 2020년의 대전시 미래상을 세계와 미래로 향해 뻗어가는 삶의 질 최고의 '자연 과학 문화의 도시"로 설정하고 이러한 미래상을 이루기 위한 실천목표로서 "아름다운 환경도시, 국제적인 행정과학도시, 격조높은 문화도시"로 다음과 같이 책정하였다.

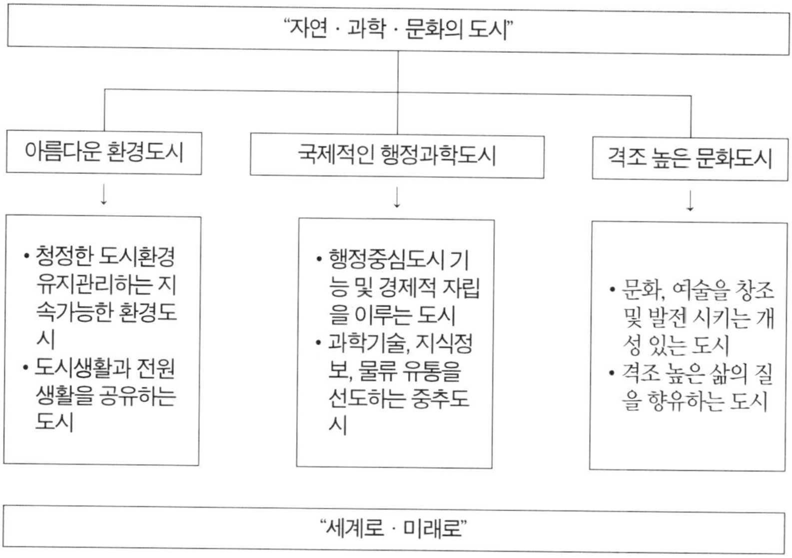

32

이렇게 볼 때 대전시는 향후 국토개발에서 중부권의 핵심도시로서 행정, 과학기술, 교통부분에서 선도적 역할을 수행하며, 경제 , 환경과 더불어 문화를 중심축으로 하는 개발을 수행해 나갈 것을 계획하고 있다.

6. 대전 원도심문화의 활성화

앞서 언급했듯이, 1932년 충남도청의 이전으로 명실상부 중부권 최대의 행

32 대전광역시 2020년 대전도시기본계획, 2006.

정, 교통의 중심지로 급부상한 도시이다. 그 당시 대전역의 주변인 중동, 정동, 원동은 주로 일본인들이 거주하는 지역이었고 그 다음으로 대흥동과 선화동, 삼성동, 문창동 일대는 한국인들이 거주하였다. 그 중에서도 대흥동은 1932년 개청한 도청 앞 장소로서 상업지역으로 활기를 띄게 되고 대흥동을 중심으로 문화가 시작되었다. 1932년 충남도청 이전으로 대전역과 충남도청을 축으로 중앙로 주변에는 일제 강점기부터 1950년 이후에 건축되어 50년~90년이 지난 근대건축물들이 집적되어 있는 공간이다. 대전 원도심은 경부선 철도가 지나면서 대전역을 들이고, 공주에서 대전으로 충남도청을 이전하면서 '근대도시 대전' 이 출발한 장소이다. 이것은 '근대 도시' 라는 대전을 설명하는 수식어에 정당성을 부여하는 '정체성' 과 관련한 부분이다. 원도심이 갖는 '근대 경관' 과 '근대 건축물' 에 관심과 애정을 보이는 것도 이 정체성을 구체적으로 보여주는 상징이다. 원도심이 이런 근대 역사성만을 지닌 곳은 아니다.

대표적으로 (구) 충남도청, 대전여중강당, 국립농산물품질관리원충청지원, 구)산업은행대전지점, 구)동양척식주식회사대전지점 등 많은 근대문화유산들은 대전 원도심이 갖고 있는 근대도시로서의 대전의 역사성을 대변하고 있다. 1960~70년대에 다양한 화랑이 생기면서 대전의 문화1번지 거리가 조성되고 다양한 예술인들이 모여 살게 된 곳이 바로 원도심의 거리 이다

하지만 1993년 대전엑스포 개최와 더불어 둔산 신도시가 형성되고 많은 사람들이 삶의 터전을 그 곳으로 옮겨가게 되었다. 그에 따라 원도심은 유감스럽게도 쇄락의 길을 걷게 되었다. 원도심 문화 · 예술은 대전 전체를 대상으로 삼고 있지만, 주 무대는 역시 대흥동이다. 말하자면 대흥동은 사람들의 기억 속에 다양한 추억으로 간직되어 온 오래된 장소이다. 대흥동은 이제 대전을 소개할 때마다 단골메뉴로 등장하는 가장 매력적인 장소가 되었다.[33] 이런

33 김민기, 「대전 원도심 미술축제의 현재와 미래」, 충남대학교 시민사회연구소, 『대전 원도심 문화예술의 개성을 찾아 나서다-2013년 대전 원도심 문화 예술의 활성화 방안 심포지움자료집』,

사회적인 상황 속에서 뜻있는 대전 사람들이 대흥동의 정제성에 대한 오랜 시간동안 많은 논의들이 있어왔다. 그것은 바로 과거와 현재가 공존하는 공간, 단순한 논리로 규명하기보다 그 동안 그 곳에서 살아 온 (원)주민들의 삶의 터전을 바탕으로 새로운 문화를 만들어가야 하는 과제를 안고 있다. 대흥동을 중심으로 하는 원도심은 소극장과 작은 카페, 소규모 갤러리들이 옹기종기 모여 골목마다 나름의 분위기를 자아낸다. 유행에 휩싸이지 않고 저마다의 개성을 품은 골목들은 기웃거리기에 운치 있는 도심으로 자리를 잡아가고 있다. 또한 지난 2010년 대흥동뾰족집 무단철거 사건, 2012년 구)산업은행대전지점의 민간매각에서 목격했듯이, 대전시가 원도심에 산재해 있는 근대건축물에 대한 보존과 활용을 제대로 추진해야 하는 숙제를 여전히 안고 있다.[34] 대전의 원도심 대흥동은 누구나 도심의 사랑을 듬뿍 받고 있었지만, 신도시 둔산 지역이 급속도로 개발되면서 빛이 다소 바래고 있는 것처럼 보인다.

하지만 최근 들어 대전의 대흥동은 문화・예술의 거리로 점차 피어나고 있다. 어느덧 대전지역 예술가들의 보금자리가 된 대흥동의 거리는 끼가 충만한 요소들로 가득 채워져 가고 있다. 우리가 원도심에 주목하고 관심을 기울여야 하고 다시 열어 보아야 할 '백업공간' 이다. 이러한 연유를 기반으로 하여 지역의 정체성을 찾고 원도심에 대한 시민들의 관심을 끌어내어 원도심 활성화에 기여하고자 대전문화연대가 2007년부터 강좌+답사 형태의 "원도심에서 만나요" 프로그램이 4년에 걸쳐 진행되어 오고 있다. 이어서 원도심과 대전 전지역의 다양한 지역 자원을 함께 비교 검토해 보는 "대전바로알기" 프로그램이 2010년 이후 3년 동안 강좌+답사 형태로 진행되고 있다. 또한 최근 원도심이 갖고 있는 갤러리, 근대건축물, 소극장, 맛집, 예술 창작 공간, 중앙시장 등의 다양한 자원에 주목하여 원도심 투어 프로그램들이 양산되고 있다. 특히 2013년 대전문화재단이 후원하는 꿈다락 토요문화학교와 원도심

34 안여종, 「대전원도심의 골목투어와 문화유산」, 충남대학교 시민사회연구소, 『2013년 대전 원도심 문화예술의 활성화방안 심포지움』, 2013.5.29일 자료집.

문화탐방 등 원도심 공정여행 프로그램도 ㈜공감만세에 의해 지속적으로 진행되고 있다.

지난 2007년 대전문화연대의 '원도심에서 만나요' 를 시작으로 2008년 대흥동립만세에서 진행된 축제투어 형식의 원도심 투어, 2013년 ㈜공감만세에서 진행하고 있는 '원도심 상상공작소 문화예술 여행학교' 와 '원도심 문화탐방' 에도 주목할 필요가 있다. 특히 대흥동의 지역 예술가들은 주민과 상인을 중심으로 지난 5년에 걸쳐 "대흥동립만세" 라는 새로운 시도를 꾀하면서 지속적으로 축제를 진행해 오고 있다. 이와 같은 노력으로 대흥동을 찾는 발걸음이 잦아지면서 대흥동 홍보에 박차를 가하는 프로젝트들이 속속 생겨나고 있다. 지난 대전 시립미술관에서 기획한 〈프로젝트 대전 2012 : 에네르氣〉는 원도심이었던 대흥동을 재조명한 바 있다. 대흥동은 대전의 100년이라는 시간을 간직한 곳으로 대전의 생성과 더불어 그 긴 역사의 현장이 고스란히 남겨져 있기 때문이다. 지난 원도심프로젝트에 참여한 17명의 작가는 자신들의 작품과 어울리는 전시공간을 섭외하고 일정기간 동안 그 속에서 거주하며 거리를 돌아다니고 (원)주민들과 대화를 나누며 새로운 커뮤니티아트, 진화된 공공미술을 선보였다. 이 작가들은 하나 같이 오랜 시간이 축적된 대흥동을 중심으로 이 지역이 갖고 있는 역사적인 특수성을 고려하여 동시대 미술적 담론으로 재해석하고 오래된 상징적인 장소와 일반 가정집을 개조해 새롭게 탈바꿈한 대중적인 문화공간에서 커뮤니티아트를 선보였다.

지난 프로젝트는 단순한 논리로 도시를 읽거나 도시생태를 이야기하기 보다는 그 속에 계속 축적되어온, 그 동안 밝혀내지 못했던 도시의 정체성을 새로운 접근방식으로 찾고 미술의 역할과 기능이 도시 속에서 어떻게 작용하고 그 의미가 무엇인지를 밝혀내기 위해 진행하였다. 거리 자체가 갤러리가 된 '원도심 프로젝트' 는 대흥동이 문화·예술의 메카로 발돋움 할 가능성을 충분히 보여주었다. 또한 대전문화재단에서도 '익사이팅 대전 원도심 활성화 프로젝트' 를 지속적으로 진행하고 있다. 이러한 대전의 원도심의 문화 거리는 예술작품이 전시를 보며 그 안에서 수묵화, 서예작품, 문화공연들과 만나 일상생활에서 예술을 만끽하는 기회를 확대해야 한다.

앞서 살펴보았듯이, 대전은 근대 도시의 유산물이 산재해 있는 곳이다. 근대 건축물들을 잘 보존하고 활용하지 못하여 개발로 인해 사라진다면 대전 원도심이 갖고 있는 역사성 또한 우리의 기억 속에서 함께 사라질 수 있다. 따라서 대전시 당국은 근대건축박물관, 개항장박물관, 근대역사박물관, 근대거리조성, 근대문화유산 복원과 매입을 통해 리모델링 후 문화공간으로 새롭게 활용해야 할 것이다.

7. 맺음말 : 대전문화, 그리고 원도심의 미래

앞서 살펴보았듯이, 대전문화는 8.15 해방 전후를 기점으로 많은 변화를 겪어 왔다. 그러면 향후 대전문화의 향방은 어떻게 나아가는 것이 바람직 할까?

첫째, 대전문화는 지역시민들의 생활에 뿌리를 굳건하게 내릴 수 있는 지역의 자생적인 문화를 조성해야 한다. 그러기 위해서는 문화예술의 지역화가 절실히 필요한 시점이다. 점차 시민들은 지역의 생활환경과 문화 환경을 중요시여기게 되었다. 대전이 서울을 비롯한 수도권에 비해 생활환경의 조건은 예전보다 한층 좋아졌다고 할 수 있지만, 문화적 욕구를 충족시킬 수 있는 기회와 여건은 여전히 미흡하다. 예컨대 인기 가수를 비롯한 연예인이나 악단, 연극, 연주 등을 초청하는데 그치지 않고 대전에 뿌리를 둔 문화, 예술인의 육성이 보다 절실하다. 그러기 위해서는 재정기반, 문화 · 예술인 양성기관 등 그들이 활동할 수 있는 문화적 여건 마련이 시급하다.

둘째, 지역에 주어진 문화적 여건과 문화적 자원의 활용을 효율적으로 관리하는 시스템이 필요하다. 대전은 유교의 기호(畿湖)사림이 크게 발판하는 곳이다. 이들의 정신문화는 유교문화의 자원 활용이라는 측면에서 관광, 교육, 및 체험 등 다양한 프로그램의 개발이 필요하다. 조신초기 유학자 박팽년, 조선전기 문신 김정, 조선 후기 문신 권시, 조선예학의 대가 송준길, 조선시대 주자학의 대가 송시열, 조선말 문신 송병선, 송병순, 독립운동가이자 사학자였던 신채호 등 대전에서 배출한 인물들이다. 유교내지 철학의 사상적 가치를 재발견하고 현대적 언어로 재해석하여 조선시대 유교문화를 현대인이 전수할 수 있는 형태로 변형하는 프로그램 개발과 콘텐츠의 활용이 필요하다. 유교문화 자원은 많은 이야기를 갖고 있으며, 구체적인 실례가 보존되어 있다. 이러한 요소들은 영화, 연극, 드라마, 애니메이션, 문화상품 등을 만들 수 있는 원형콘텐츠로 활용할 수 있다. 예컨대 서원, 향교, 강당, 서당, 누정 등은 인물콘텐츠로 활용할 수 있을 것이며,[35] 묘소, 묘비, 신도비, 영정 등은 인물 콘텐츠로 활용할 수 있을 것이다. 대전을 비롯한 충남의 유교문화자원을 재정리한다면, 이러한 콘텐츠의 개발은 무수히 나타날 것이며, 고건축물 이외에 그 곳의 무형가치 등을 재발견할 수 있을 것이다.

셋째, 대전의 원도심이 갖고 있는 고유한 특성인 근대 도시로서의 면모와 대흥동문화예술의 거리로 대표되는 예술인과 소규모 문화 시설의 집적 공간으로서의 대흥동, 추억의 공간으로서 원도심, 도시 재생의 관점에서 원도심 활성화에 투여되는 예산, 여러 자원을 융합하고 소통하여 새롭게 창조해 낼 수 있는 공간으로서의 특성과 가능성을 잘 살려 내야 할 것이다. 원도심의 문화유산, 골목, 시장, 문화시설 등 다양한 공간과 사람의 관계를 제대로 살려 대전 원도심 문화를 만들어 내야 한다. 또한 시민과 함께 소통한다면 원도심 문화예술 살리기는 원도심에 새로운 활기를 불어 넣고, 일상의 공간을 활용한 문화 향유 프로그램으로서 많은 시민들에게 주목 받을 것으로 기대한다. 또한 대전시

35 김양식, 「충북지역 유교문화자원과 활용방안연구」, 충북개발원, 2009.: 이해준, 「유교문화 자원화를 위한 연구방법론」, 충청학과 충청문화, 충청남도역사문화연구원, 제9권, 2009.

는 최근 문제가 되고 있는 충남도 관사촌 민간 매각에 대한 분명한 입장과 관사촌을 보존하여 문화예술 단체와의 협력을 통해 관사촌을 대전 시민이 문화예술복합공간으로 활용할 수 있도록 적극적인 역할을 해야 할 것이다. 또한 지난 2014년 12월 9일 '도청이전을 위한 도시건설 및 지원에 관한 특별법 일부개정 법률안' (도청이전특별법안)[36]이 국회 본회의를 통과함으로써 옛 도청사를 둘러싼 대전시와 충남도의 고민이 잠정적으로 해소되었다. 내포로 새 집을 지어 이사 간 충남으로서는 청사 매각대금을 챙기니 재정운영에 숨통이 트일 것이며 내 땅도, 내 집도 아닌 곳에 100억 원이 넘게 쏟아 붓고 있는 대전으로서도 새 활용방안을 찾는 전환점을 맞았다. 법안 통과로 도청사 주변이 금방 살아날 것 같지만, 적절한 활용방안 찾기는 그다지 쉽지 않다. 도청사를 국가가 대신 매입해 주면 대전시로서도 비용 절감과 원도심 활성화가 기대되는 측면이 있다.

그러나 이는 옛 도청사 활용방안을 잘 찾아 로드맵대로 실행되었을 경우이다 . 밑그림을 잘못 설계하여 원도심에 부합하지 않는 시설들을 설계할 경우 점차 쇠락일로를 걷는 원도심 공동화 현상을 부추길 수 있다. 최근 옛 도청사 주변식당들이 하나 둘씩 문을 닫고 빈 사무실이 증가하는 것을 보면 상권붕괴는 심각하다. 이번 법안통과를 계기로 대전시는 옛 도청사의 활용실태와 문제점, 향후 활용방안을 재점검해야 한다. 그동안 문화체육관광부와 대전시가 진행했던 도청사 활용방안 용역결과도 다시 살펴 현실적으로 적용가능한지에 대해 철저히 따져 보아야 한다. 기획재정부는 2015년 예산 10억 원의 용역비를 세워 놓고 도청사의 구체적 활용방안을 계획하고 있다. 이런 움직임에 대전시가 손 놓고만 있어서는 안 된다. 내년예산에 10억 원의 용역비를 세운 기획재정부는 도청사의 구체적 활용방안을 찾겠다는 계획이다. 용역을 진행할 문화부는 이미 2010년 11억 원을 들여 충남도청사 활용방안을 내

36 도청이전특별법안은 도청 소재지와 관할구역 불일치로 도청을 이전할(한) 경우 종전의 도청사 및 부지를 국가가 매입하도록 하는 내용이 골자다. 충남을 비롯해 경남 · 전남 등이 해당되며 충남도는 80여년 도민의 애환이 담긴 옛 청사의 안정적 보전과 800억 원의 세입이 생겼다.

놨었다. 문화부는 용역결과 문화예술백화점과 창의문화지원센터, 대중문화센터, 도시숲공원, 근대역사전시관 등 5가지를 제안했다. 지난 2011년 대전시 용역에서는 문화예술창작복합단지 조성을 들고 나온 바 있다. 대전시가 지역 여건과 시민욕구를 얼마나 잘 반영하느냐에 따라 문화부 용역방향에 영향을 줄 수 있다. 따라서 대전시는 다양한 시민계층의 의견을 잘 수렴하여 원도심 활성화 방안에 무리수를 두지 않고 추진해야 할 것이다.

넷째, 대전시는 2020년의 대전시 미래상을 세계와 미래로 향해 뻗어가는 삶의 질 최고의 '자연 · 과학 · 문화의 도시' 에 걸 맞는 청사진을 가까운 문제에서부터 풀어야 할 것이다. 예컨대 현재 지속적으로 논란이 되고 있는 엑스포과학공원의 공간부지활용부터 지혜를 잘 모아야 한다. 대전시는 엑스포 과학공원 재생사업을 시민들을 위한 문화 공간활용이라는 측면에서 적극 모색해야 할 것이다. 개장 후 약 20년이 지난 지금 엑스포 과학공원은 정부와 기업 등 관련기관의 지속적 투자가 이뤄지지 않음에 따라 전시장을 비롯한 시설물은 노후화 되고, 전시관의 전시물과 과학체험 프로그램의 빈곤에 따른 탐방객 급감으로 위기를 맞고 있다. 놀이공원(꿈돌이랜드)를 비롯한 공원시설 개방과 다양한 이벤트 개최 등 10여년에 걸친 대전시의 과학공원 활성화 노력 또한 가시적 성과를 내지 못하는 상황에 이르렀다.

대전시는 특별한 비용을 투입하지 않고도 약 20만평에 이르는 금싸라기 땅을 도시마케팅의 소재이자 정치적 목적으로 활용하고 싶고, 시민들은 공원도 아니고 광장도 아닌 채 방치된 넓은 공간을 시민의 이용이 활발한 도시공간으로 되살려야 할 것이다. 문제는 이 공간을 재생할 콘텐츠와 비용을 누가, 얼마나, 어떻게 만들 것인가가 관건이라 할 수 있다. 지난 2012년 대선 정국을 맞아 대전시민사회단체를 비롯한 지역의 최대현안인 엑스포 과학공원의 활용 문제를 서로 상생할 수는 대안을 찾아내는 일을 공론화하여 빠른 시일 안에 정상화를 찾아야 할 것이다.

참고문헌

강병수 외,『대전학입문』, 대전학연구회, 2010.

강영안,「문화개념의 철학적 배경」,『문화철학』, 철학과 현실사, 1996.

김민기,「대전 원도심 미술축제의 현재와 미래」, 충남대학교 시민사회연구소,『대전 원도심 문화예술의 개성을 찾아 나서다-2013년 대전 원도심 문화 예술의 활성화 방안 심포지움자료집』,

김양식,「충북지역 유교문화자원과 활용방안연구」, 충북개발원, 2009.

김종헌,『문화해석과 문화정치』, 철학과 현실사, 2003

김석수,「사회의 의미와 위상에 대한 반성적 고찰-시민사회를 중심으로-」, 한국철학회 편,『현대문화와 철학의 새지평』, 철학과 현실사, 2005.

도면회 · 사문경편,『대한매일신보로 보는 한말의 대전 충청남도』, 도서출판 다운 샘, 2002.

『대전시사자료집 VIII』, 대전광역시사편찬위원회, 2013.

몬딘, 바티스타,『전환기의 새로운 문화 모색』, 이재룡 옮김, 가톨릭 출판사, 2002.

반 퍼슨, C. A.,『급변하는 흐름 속의 문화』, 강영안 옮김, 1994..

콘너스만, 랄프,『문화철학이란 무엇인가』, 이상엽 옮김, 북코리아, 2006

우리사상연구소엮음,「문화란 무엇인가」,『우리말 철학사전 1』, 지식산업사, 2004

원승룡,『문화이론과 문화철학』, 서광사, 2007,

양해림,『미와 아트, 대중문화와 소통하다』, 집문당, 2014

이기상,『콘텐츠와 문화철학』, 북코리아, 2009.

이해준,「유교문화 자원화를 위한 연구방법론」, 충청학과 충청문화, 충청남도역사문화연구원, 제9권, 2009.

신응철,『문화철학과 문화비평』, 철학과 현실사, 2003

커퍼드, 조지,『소피스트 운동』, 김남두 옮김, 아카넷, 2004

칸트, 임마누엘,『칸트의 역사철학』, 이한우편역, 서광사, 1992

최근묵,『대전문화』, 창간호, 1992

Jaeger, Werner, *Paideia; the Ideals of Greek Culture,* New York: Oxford University Press, 1943,

Perpert, W., *Kultur, Kulturphilosophie,* Historisches Wörterbuch der Philosophie, Bd. 4.

Basel, Stuttgart, 1976.

Mauer, *Reinhart, Kultur, Handbuch philosophischer Grundbegriff,* München, 1973.

Kroeber, A. L., *The Nature of Culture,* The University of Chicago Press, 1952.

Kroeber, A. L. & Kluckhohn, *Culture: A Critical Review of Concepts and Definitions,* Vintage Books, 1963

Williams, Ramond, *The Sociology of Culture,* New York:Schocken, 1982.

02

원도심의 매력 : 문화를 통한 도시재생

김선건(충남대학교 사회학과 명예교수)

‖ 대전 원도심, 문화예술의 개성을 찾아 나서다 ‖ 02

원도심의 매력 : 문화를 통한 도시재생*

김선건(충남대학교 사회학과 명예교수)

1. 지역문화에 대한 관심

도시규모의 빠른 성장에도 불구하고 대전의 문화적 특성, 또는 정체성을 규정하는 것은 쉽지 않다. 대전은 뚜렷하게 내세울만한 것을 찾기가 어렵다. 그것은 대전이 문화적 전통이 없는 중계도시로서 성장한데 기인한다. 대전은 교통이 편리하고 서울과 가깝다는 점 때문에 여러 지역의 사람들이 섞여 있고 대전 토박이의 비율이 적은 편이다. 따라서 대전만의 독자적인 특성이 희박하다. 재미있는 것은 이와 같이 지역성과 지역문화가 활성화된 정도는 서울과의 거리에 반비례한다는 점이다. 대전의 도시성장을 가져온 바로 그 요

* 이 글은 충남대학교 시민사회연구소가 주관한(2013년 대전 원도심 문화예술의 활성화 방안 심포지움)(2013년 5월 29일)에서 기조발제한 내용을 수정한 것임.

인이 지역문화형성을 가로막는 요인이 되는 것이다. 수도권의 집중화가 정치 경제적 집중화만이 아니라 문화적 집중화를 수반하기 때문에 분권화에 있어서도 문화적 분권화의 문제를 함께 생각해야 한다. 그렇다면 대전이 갖고 있는 이러한 조건들 속에서 어떻게 하면 대전이 서울에 의한 문화적 종속성에서 벗어나 자율적인 문화를 만들어 나갈 수 있겠는가?

대전의 문화는 시민들의 생활에 뿌리박은 자생적인 문화가 되어야 한다. 이를 위해서는 지역문화의 활성화, 문화의 지역화가 필요하다. 전반적으로 소득수준이 향상되고 삶의 질에 대한 관심이 높아지면서 살고 있는 지역의 생활환경과 문화환경이 더욱 중요하게 된다. 대전에 살고 있는 사람들에게 부족한 것은 교육환경과 문화 환경이다. 대전이 서울보다 나은 생활환경의 조건을 갖추고 있지만 문화적 욕구를 충족시킬 수 있는 기회는 훨씬 못 미치고 있다. 우리가 지역문화에 관심을 갖는 이유도 여기에 있다. 대전을 서울과는 다른 의미에서 문화적으로 특색있는 도시, 매력있는 도시로 만들 수는 없을까? 서울에서 유명한 가수와 악단을 대전에 불러 공연하게 하는데 그쳐서는 안되고 대전에 뿌리를 박고 활동하는 예술가들을 키워야하고 그들이 활동할 수 있는 여건을 만들어 주어야 한다. 지역문화의 활성화는 지역주민의 문화예술 향수기회를 늘이고 문화유산을 보존하는 데에만 그쳐서는 부족하다. 물론 예술향수의 기회를 늘이는 것도 중요하지만, 문제는 지역에 주어진 문화적 여건을 현재의 시공간에서 어떻게 의미있는 문화적 자원으로 만들어 가느냐이다. 핵심은 일상적인 문화가 소비의 차원이 아니라 생산의 차원에서도 이루어져야 한다는 점이다. 자신의 문화적 욕구를 표출할 수 있도록 시민사회에 잠재되어 있는 문화적 역량을 어떻게 활성화할 것인가가 중요하다.

2. 원도심의 매력

대전의 중심이었던 원도심 지역은 대전역에서 도청까지 1.1 km 중앙로를 중심으로 한 도시공간으로 90년대 후반부터 주요행정기관들이 둔산지역으로 옮겨감에 따라 급격하게 상권이 쇠퇴하여 공동화되었다. 2012년 말에 충남도청의 이전으로 원도심 활성화가 다시 부각되고 있다. 특징있는 6개 부록으로 구성된 원도심은 풍부한 역사적, 문화적 자원들을 갖고 있고 물가도 저렴하다. 더욱이 지하철이 개통되어 시민들의 접근도 편리해지고 있다. 원도심 활성화는 도시재생과 균형발전의 측면에서 그리고 시민들의 문화향수의 기회를 늘이고 삶의 질을 높일 수 있다는 점에서도 중요하다.

대전의 문화축은 크게 둘로 나눌 수 있다. 하나는 대전 예술의 전당과 시립미술관 등 대형 문화공간이 들어선 신도심 지역인 서구 갑천문화관광벨트 지역이고, 또 하나는 중구 문화예술의 거리를 중심으로 한 원도심 문화축이다. 갑천문화관광벨트 문화축은 넓은 녹지공간과 휴게공간을 충분히 확보하고 있어 문화와 휴식을 동시에 충족시키는 장점이 있으나 도심 외곽에 위치하고 있어 특별한 목적이 아니고는 접근하기 어려운 난점이 있다. 반면 원도심 문화축은 일상적 생활의 장소로 일터와 삶터, 여가의 공간이 하나로 결합된 공간이다. 갑천문화관광벨트가 경관조명, 다리조명, 분수대 등 매머드한 프로젝트 중심으로 간다면, 원도심은 아기자기하고 아마츄어를 포함한 문화전문 인력들이 현장, 시설과 밀접하게 연계되는 정주민 중심의 주민참여형 문화의 성격을 갖는다. 작고 다양한 문화적 공간인 소극장, 작은 화랑을 비롯한 까페, 레스토랑, 바, 클럽, 쇼핑몰 등 상업적 공간 까지도 적극적으로 의미를 부여해 문화적 공간으로 확장할 수 있다. 북적거림은 도시문화의 특징으로 원도심은 거리문화, 밤문화까지 문화적 영역으로 끌어들여 사람들로 하여금 찾고 싶은 욕망을 불러 일으켜 쇠퇴한 도심에 활기를 불어 넣을 수 있다. 최근 대흥동 화랑거리에 소극장, 문화까페, 찻집 등이 들어서는 것은 고무적이다.

원도심은 대전이 근대도시로 등장한 이후 거의 100년 이상 시민들의 삶이 이루어져온 생활의 장소이자 구체적 삶이 녹아있는 현장이다. 따라서 근대도시 대전의 연원인 원도심은 대전의 타 지역에 비해 독특한 장소성과 역사성을 갖고 있다. 원도심에 남아 있는 오래된 건축물, 화랑거리, 좁지만 정취있는 거리와 뒷골목 등 원도심이 갖고 있는 특색을 잘 보존하고 살려낸다면 장기적으로 경제에도 도움이 되고 무엇보다 대전을 문화도시로 만드는데 중요하다. 원도심의 잇점과 특색을 살려 매력있는 문화공간으로 만들어 원도심에 예술생산자들이 자리잡을 수 있는 환경이 조성된다면, 그것이 자석처럼 사람을을 끌어들이게 된다. 원도심이 둔산과 같이 변해서는 안 된다. 원도심의 매력인 오래된 건물과 정취있는 가로와 골목들을 잘 살려 "머무르고 싶은 유혹" 을 느껴 사람들이 찾게 만들어야 한다. 그러기 위하여서는 원도심의 특징있는 거리들이 유기적으로 연결되어 이어지고 흘러야 한다. 차없는 거리가 확대되어 시민들이 편하게 걸으면서 보고 즐길 수 있어야 한다.

대전이 문화도시가 되려면 원도심의 매력을 잘 살릴 수 있는 방향으로 도시의 시간과 공간의 관계망을 다시 재편하여 문화생산이 이루어질 수 있는 문화공간과 공공장소를 더 많이 확보해야 한다. 골목길의 다채로운 조형성, 골목길이 제공하는 정서적 안정감, 삶의 작은 부분들이 자연스러운 조화를 구성하는 골목길의 풍광 등 골목길의 미학을 살려내야 한다. 우리가 이제는 도시의 공간구성과 도시디자인, 공공미술에 관심을 갖아야 한다.

3. 문화를 통한 도시재생

원도심 공동화가 심각해지자 지난 1998년 이후 대전시에서는 원도심활성화를 위해 지속적인 노력을 기울여 왔다. 그러나 대전시의 모순된 도시관리정책이 원도심활성화와 신, 구도심의 균형성장을 어렵게 만들고 있다. 도시외부로 부터의 인구유입이 정체된 상태에서 신시가지 개발정책을 지속적으로 추진함으로서 기성시가지 주민들의 신시가지 이주를 촉진시켜 도심공동화를 심화시키고 있다. 특히 대전은 외곽지역에 풍부한 개발가능지를 보유함으로서 다른 어떤 도시 보다도 신시가지 개발에 대한 유혹에 빠질 수 밖에 없는 자연환경적 여건을 갖추고 있기 때문이다. 대전시에서 그동안 "대전시 도시 및 주거환경정비 기본계획" 이 발표되면서 많은 시민들의 관심이 도시재정비 사업에 집중되었다. 그러나 수년 째 손 놓고 있는 은행1지구 재개발사업과 같은 예에서 보듯이, 이와 같은 정책이 원도심활성화대책을 도외시 한 채 추진될 경우 그 효과와 의미는 상당부분 반감될 수 밖에 없다. 더욱이 최근에 심히 우려스러운 일은 원도심지역이 원룸촌화되고 지가가 상승하는 것이다. 원도심 재생을 위하여 이에 대한 대책이 마련되어야 한다.

충남도청 이전터 활용문제도 경제적 관점으로 접근하는 것은 바람직하지 않다. 문화를 통한 원도심 재생의 큰 틀에서 충남도청이 갖는 장소성, 역사성, 상징성을 고려하여 공공성의 측면에서 접근해야 한다. 충남도청 이전터를 문화복합공간으로 조성하겠다는 대전시가 도청터에 문화예술센터 같은 시설을 넣지 않고 무엇을 하겠다는 것인지 이해가 되지 않는다. 연정국악회관의 철거와 대전문화예술센타의 신축은 대전시의 무계획적이고 즉흥적인 원도심활성화계획과 충남도청활용의 한 단면을 적나라하게 보여주고 있다.

더욱이 충남도청 활용에서도 오랫동안 준비해온 문화복합단지계획에 걸맞게 대전의 예술인들이 활용할 수 있는 공간을 제공하기는 커녕, 대전시는 원도심 상권위축에 대한 단기적 대책에만 치중하고 있어 심히 우려스럽다. 따라서 국비예산만 바라보지 말고 큰 예산이 들지 않고도 할 수 있는 일들을 시작해야 한다. 등록문화재인 산업은행 민간매각에 이어 관사촌 민간매각을 보면서 대전시가 과연 원도심에 대한 문화정책이나 문화 마인드가 있는지 의심스럽다.

충남도청 청사 활용은 문화를 통한 원도심 재생의 시작이고 대전이 문화도시로 갈 수 있는냐의 시금석이다. 문화를 통한 원도심 재생은 대전시민 전체의 입장에서 접근할 필요가 있다. 이제 시민사회가 적극적으로 목소리를 낼 때다.

원도심, 필요에 의한 소비가 아닌 축적이 필요하다

이용원(월간 토마토 편집국장)

‖ 대전 원도심, 문화예술의 개성을 찾아 나서다 ‖ 03

원도심, 필요에 의한 소비가 아닌 축적이 필요하다

이용원(월간 토마토 편집국장)

1. 들어가는 말

도시 확장은 필연적으로 구도심을 낳았다. 국가는 시민에게 끊임없이 새로운 공간을 제공했고 그 공간은 시민으로서 낙오하지 않기 위해 입성해야 하는 절대적인 무엇인가가 되어 버렸다. 새롭게 확장한 주거밀집공간에는 자연스럽게 새로운 상업구역이 들어섰고 새것에 밀린 낡은 것은 시민에게 잊혔다. 그러다 문득, 낡은 도심(구도심 또는 원도심)에 관한 새로운 인식을 시작했다. 상황은 모두 다르다. 어떤 도시는 그곳에 남은 근대 문화 유산에 관심을 기울였고 어떤 도시는 비교적 저렴한 공간 임대 비용에 주머니 넉넉하지 않은 예술가 집단이 둥지를 틀기 시작했다. 또 어떤 도시는 새로운 관광자원 내지는 이벤트 공간으로 원도심을 인식했다. 선거 때마다 원도심은 해당 지역구 출마자가 '활성화'라는 공약을 반드시 제시해야 할 공간이기도 했다. 이 모든 상황이 뒤죽박죽 얽혀 있기도 하다.

2. 원도심 활성화 정책에 관한 몇 가지 의문

어떤 이유로 원도심에 집중하든 우리는 '왜?' 라는 질문을 던지지 않을 수 없다. '균형 발전' 이라는 측면을 부정할 필요는 없겠지만, 이것만으로 이해하기에는 원도심에 집중하며 투여하는 공공재 수준이 과하다. 이 질문에 관한 분명한 근거를 가지고 출발하지 못하면, 정책은 큰 줄기를 형성하지 못한 채 온갖 잡다한 것들을 두루뭉술 모아 놓는 꼴에 그치고 만다. 아무리 '균형 발전' 이라는 구호가 많은 근거를 제공한다고 해도 최근 원도심에 쏟아지는 관심은 엄청나다. 최소한 문화예술과 관련한 측면에서는 '균형' 을 넘어 '집중' 으로 보인다.

골목길을 재생한다고 새로 가로등 심고 바닥 블록을 교체했다. 중교로도 뒤집어 문화와 예술이 흐르기를 '기대하는 공간' 으로 만들었다. 문화재로 등록하지 않은 근대 건축물 외관 리모델링에도 공적예산을 집행했다. 으능정이에는 최첨단 시설이라는 스카이로드가 들어서고 옛 시민회관(연정국악원) 자리에는 대전문화예술센터를 지었다. 옛 충남도청 활용방안은 국가의 선택으로 새로운 국면에 접어 들었다. 이런 사업 예산은 어지간하면 100억 원이 넘어간다. 이런 하드웨어 사업 말고도 다양한 공모 사업으로 전문 예술가와 아마추어 예술인, 동호회, 예술 수용자 등에 적잖은 예산을 배분한다. 이외에도 공간을 중구 일대 원도심으로 삼은 크고 작은 별도의 행사, 예를 들면 중교로 차없는 날 행사 등을 더하고 다양한 민관 기관에서 펼치는 행사와 책자발간 사업 등을 합하면 그 관심의 크기가 실로 어마어마하다.

공적영역에서 펼치는 원도심 활성화 정책은 '사람이 얼마나 이 쇠퇴한 공간에 다시 모이는가?' 를 중요한 목표로 설정한 듯 보인다. 이 과정에서 '문화 예술' 영역은 중요한 '수단' 으로 등장한다. 새롭게 들어서는 공간이나 시민 공모 사업 등을 살펴볼 때 대부분이 '문화 예술' 영역에 속한다. 이는 어쨌든 수많은 공공재가 문화 예술 영역으로 흘러들고 있음을 의미한다. 여기서 몇 가지 의문점이 생긴다. 균형 발전이라는 큰 틀 아래서 '상권 활성화' 가 바로 그 발전이라는 기준점이 된다면 균형발전이 필요한 대상 구역이 지금 관심을 집중하는 바로 그 원도심 뿐인가? 라는 의문점과 함께 '문화 예술' 영역이 그 특성상 사람을 끌어 모으는 성격이 있지만, 지금과 같은 방식의 결합이 과연 옳은가에 관한 문제다.

또한, 인구 150만 명이라는 정해진 파이에서 신도심에 몰려 있는 인구를 원도심으로 끌어들인다면 이론적으로 파이를 나누는 꼴 밖에는 되지 않는다. 더군다나 지금과 같은 공공재 투입을 중단했을 때, 자생성을 가지고 투자한 공공재 대비 효과를 지속할 수 있을 거라는 확신도 생기지 않는다.

앞서 살펴본 것처럼, 다양한 원도심 관련 정책 기저에는 원도심 활성화를 상권 활성화가 깔려있다. 그렇다보니 원도심 활성화 성공 여부를 측정하는 중요한 지표로 얼마나 많은 사람이 이곳에 몰려 지갑을 열 것인가로 보는 경향이 무척 강하다. 물론, 대놓고 이를 목표로 설정하지는 않는다. 목표 달성을 위한 수단으로 삼은 '문화예술 활성화' 를 염두에 두고 '기능 부여' 라는 측면에서 설명한다. '문화의 거리' 혹은 '문화예술의 거리' 로 지정하는 형태로 나타나거나 대중문화예술 특화 공간으로 조성하겠다는 방침 등에서 엿볼 수 있다. 이런 구호와 실질적 내용의 부조화는 정책 난맥을 더욱 가중화 시킨다.

3. 왜, 원도심이어야 하는가?

단순하게 정리하면 원도심이 생겨 나게 된 것은, 신도심 때문이다. 신도심 건설은 부동산 투기, 택지 개발, 아파트 건설, 신도로 건설 등 자본주의 시스템을 유지시킬 수많은 '소비처' 와 '투자(기)처' 를 만들었다. 이는 개인이나 사회가 중요하게 여기는 '가치' 변화를 가져왔다. 여기서 원도심은 가치 변화를 가져오기 전, 백업 공간이다. 역사성과 장소성은 물론이고 도시 형성 과정 역시 다른 차별성을 지닌다. 그러나 아쉽게도 지금 원도심이 그런 '가치' 를 분명하게 드러내지는 못한다. 이미 세월이 흐르며 경관 훼손이 이루어졌고 최근 관심으로 이 훼손은 더욱 가속화되고 있다. 다만, 그런 가치를 만들어 낼 수 있는 조건을 여전히 잘 갖추었다고 보는게 맞다. 현재가 아니라 앞으로 가져올 수 있는 높은 가능성이다.

원도심은 완벽하지는 않아도 최소한 지금보다는 사람을 사람으로 보았던 그 시대 흔적을 담고 있다. 최근 주목받는 인문학적 공간이라고 말할 수 있다. 그 시대로 돌아가자는 것이 아니라 그 백업 시점에서 잘 못 흘러간 과정을 되새겨 보고 올바른 '가치' 에 관해 다시 생각해 보자는 거다. 어울리는 비유일지 몰라도 불교에 사판승 도움을 받아 이판승이 수행에 집중할 수 있는 것처럼, 이 도시도 최소한 다른 측면에서 새로운 가치와 미래를 상상할 공간이 필요하다. 그곳이 바로 원도심이다. 당연히 여기서 핵심은 '사람' 이어야 한다. 이 '사람' 을 '소비자' 로 인식하는 순간, 이 곳은 신도심과 차별이 없으면서 경쟁력도 갖지 못하는 그저 그렇고 그런, 구린 공간일 수밖에 없다.

다른 하나는 이 공간이 대전 근대 100년 역사를 상징하는 정체성을 담은 공간이라는 점이다. '정체성' 에 관한 논의는 '공동체성 회복' 이라는 측면과 맞닿아 있다. 현대 도시에서 벌어지는 수많은 문제와 모순을 해결하는 방법으로 시민의 공동체성 회복을 통한 자율적 문제 해결이 주목받고 있다. 더는 법과 제도, 돈으로 해결할 수 없다는 것에 사회적 인식을 하고 있다. 이 공동체성을 회복하며 문제 해결 방식을 찾아내는데 한 도시에서 사는 시민 사이에 정체성을 공유하는 것은 그 출발점이다. 원도심에 관심을 기울이는 최근 경향에 많은 이가 동의하는 이유도 이 때문이다.

이런 인식은 대전 원도심이 갖는 가치에 기반한 '경쟁력' 을 설명한다. 이 경쟁력은 '소비' 를 최대 가치로 조성한 신도심과 차별할 수 있는 근사한 조건이다. 가치가 다른 공간, 그렇기에 원도심에서 시간은 신도심보다는 느리게 흘러야 한다. 시간이 느리게 흐르는 이 공간에서 우리는 쫓기지 않으며 상상해야 한다. 그 상상은 '인문학적 상상' 이다. 지금껏 우리가 펼쳤던 상상은 인문학적 상상과는 전혀 다른 상상이다. 그런데 안타깝게도 원도심에 쏟아 붓는 그 수많은 정책 대부분이 '자본중심적 상상' 의 결과물이다. 현실감 없이 고리타분하게 몽상한다고 치부할 수도 있겠다. 그럼에도 황금알을 낳는 거위에 배를 갈라 황금을 한꺼번에 취하려는 우를 범하지는 않을지 걱정스러울 따름이다. 이미 대전시는 '지역의 역사와 문화적 특성을 보전하여 원도심만의 매력을 살리는 특성화 사업' 을 추진하겠다고 공표한 바 있다. 그런데, 이 대목을 너무 가볍게 여기고 넘어간 경향이 있는 것은 아닌지 되살펴 보아야 할 때다. 역사와 문화적 특성이 무엇인지 이를 토대로 한 원도심만의 매력을 살리는 방법은 무엇인지 구체적이고 명확하게 해야 한다. 이 과정에서 다양한 결과물을 시민과 공유하며 이런 '가치' 를 함께 인식했을 때 막대한 공공재 투입은 정당성을 확보할 수 있다. 이런 중구 원도심이 지닌 '가치' 를 배제하고 유행처럼 공간을 소비하는 듯한 느낌을 지울 수 없다. 어느 순간, '왜' 라는 질문은 사라진 채 '당연스러움' 만 남아 있는 듯하다.

4. 문화 예술에 집중해야 하는 이유

정책 입안자들은 어떤 과정을 통해 '문화 예술' 영역을 원도심 활성화에 중요한 수단으로 선택했는지 모르겠다. 문화 예술이 지닌 유동 인구 유발이라는 특성이 가장 매력적으로 다가섰을 거라 추측할 뿐이다. 이런 특성 때문에 다양한 문화 예술 인프라 구축이나 소프트웨어 사업에 공공재를 투여하는 것에 동의하고 싶지는 않다. 문화 예술이 갖는 공공성과 앞서 이야기한 원도심이 지닌 역사성과 매력을 기반으로 한 그 '가치' 와 문화 예술 영역이 잘 맞아떨어지기에 이 영역에 관한 관심에 동의할 뿐이다.

사회적으로 우리는 이미 문화 예술 영역에 공공재를 투여하는 것에 암묵적 합의를 한 셈이다. 산업적 측면에서 이미 수많은 분야가 사양길로 접어들면서 어려움을 겪고 그 분야에 종사하는 이들 역시 고통을 겪는다. 그럼에도 우리는 모든 분야에 걸쳐 공공재를 투입해 유지하거나 활성화하려는 노력을 기울이지는 않는다. 중소기업이나 소상공인을 돕기 위한 다양한 기관과 정책, 예산이 있기는 하지만, 이는 범용적일 뿐 문화 예술 분야처럼 특정 장르에 직접적으로 투입하지 않는다. 그것은 다른 분야보다 문화 예술 영역의 공공성이 더 강하기 때문일 것이다.

문화 예술, 좀 더 좁혀 '예술' 이라는 영역은 각 시대별로 조금씩 다른 의미를 지녔다. 지금 이 시대 우리 예술 영역에 바라는 것은 '상상력' 이다. 지금껏 시대를 끌어왔던 자본주의 상상력을 가지고서는 수많은 모순을 해결하기에는 한계에 봉착했다는 것을 우리 모두 인식한다. '창조도시' 라는 개념이 한 시대를 이끌다가 급기야 보수진영 신임 대통령조차 '창조경제' 를 주창하기 시작했다. 대전시가 내세우는 '사회적 자본' 역시 이와 맥을 같이 한다.

자본주의적 상상력보다는 인문학적 상상력을 풀어놓아야 할 공간인 원도심과 인문학적 상상력을 불러일으킬 중요한 기제로서 '문화 예술' 접목은 무척 궁합이 잘 맞는다. 때문에, 문화 예술인이 만들어 낸 판이나 결과물을 보기 위해 사람이 몰리고, 이 사람이 지갑을 열어 이 공간에 지폐를 뿌려댈 것이라는 인식은 극히 위험하다.

문화 예술을 수단으로 활용하는 것이 아닌 이 가치 있는 공간에 접목해 또 다른 가치를 만들어 내고 이 가치가 경쟁력을 가지며 원도심을 활성화 한다는 개념으로 접근해야 한다. 여기서 말하는 활성화는 '상권활성화' 가 아니다. 이 두 가지 개념을 애매하게 혼재해 사용하면 정책은 명료성이 사라지고 논리적 모순을 끊임없이 겪게 된다. 이런 혼란을 막기 위해 다르게 표현하면, 급격한 산업화와 도시화 그 과정에서 양산한 수많은 모순과 문제를 합리적으로 해소하며 사람이 행복할 수 있는 대안 공간으로서 자리잡을 수 있다. '상권활성화' 라는 말이 먹고 살 만큼 상인이 돈을 벌어야 하는 것을 의미한다면 앞서 이야기한 대안공간에 부수적 작용으로 자연스럽게 따라올 수 있는 과정이다. 결국, 최종적으로 도달해야 할 목표지점을 잘못 선정해 벌어진 난맥이다.

5. 소비자가 아닌 사람을 위한 공간

원도심이 지닌 이런 가치와 문화 예술 영역의 접목이 필요하다는 사실을 인식했다면, 활성화 방향의 중요한 축도 여기에 닿아 있어야 한다. 잊지 말아야 할 것은 우리가 문화 예술 영역에 공공재를 투입하는 당위성은, 문화 예술 영역의 활성화가 궁극에는 시민의 '인문학적 상상력' 을 풍부하게 만들어 줄 거라는 믿음에서 온다. 이를 토대로 도시 전체에 새로운 활력을 불어 넣고 사회가 좀 더 올바른 가치를 지향하며 나아갈 수 있다는 전제를 깔고 있다.

문화 예술을 상권활성화를 위한 수단으로 활용하면, 독립적으로 다양한 가치 있는 상상을 펼쳐야 할 이 영역이 행정권력과 자본에 종속할 가능성이 매우 크고 구미에 맞는 몇몇 장르(인물)에 집중적으로 공공재가 흘러들어가 극심한 문화 예술 생태계 불균형을 초래할 수도 있다.

또한, 문화 예술 활성화의 방점은 예술 작품을 창조해 내는 '예술가' 에게만 찍혀서는 안 된다. 수용자와 매개자에게 고른 관심을 기울여야 한다. 지금처럼 장르 중심적으로 바라보아서는 원하는 결과를 얻기 어렵다. 이제는 문화예술 영역을 하나의 '생태계' 로 인식하면서 약한 고리를 찾는 작업을 진행해야 한다. 이 작업을 진행하지 않은 채 우리 도시 문화예술 역량은 이미 만족할 만한 수준에 올라섰고 이를 풀어내는 공간만 달리한다면 제 구실을 다할 것이라는 착각은 무척 위험하다. 우리 도시 문화예술 영역에 관한 냉정한 평가를 통해 약한 고리를 찾아야 한다. 그 약한 고리는 사람일 수도 공간일 수도 있다. 현재 상황에 관한 명확한 분석 작업을 전제로 중, 장기 계획을 수립해야 한다. 건강한 생태계를 만들기 위해서 반드시 필요한 작업이다. 최고 정책 결정권자가 바뀐다고 이리 휘청 저리 휘청 하지 않도록 장치 마련이 필요하다. 배고프다고 아우성 치는 장르에 시혜적 입장에서 먹이를 던져주듯 툭툭 던지는 정책은 아무런 쓸모가 없다. 필연적으로 공적자금 투입 방식에 관한 원점 재검토가 필요하다. 기존에 벌였던 다른 사업과 유사하거나 똑같은 방식으로는 곤란하다. 일시적인 부양 효과 이상을 기대하기는 어렵다. 문화예술은 토목 사업과는 많이 다르다. 아무리 막대한 예산을 투여한다고 해도 그 효과를 눈으로 확인하는데는 얼마나 많은 시간이 걸릴지 아무도 모른다. 어쩌면 어떤 효과도 눈에 보이지 않을 수도 있고 우리가 알아채기 어려운 형태로 나타날 수도 있다. 축적이 필요하고 그것을 위해서는 당연히 시간도 소요된다.

원도심이 지닌 가치를 기록하고 공유하며 합의하는 과정을 거치는 과정도 필요하다. 이 속에서 문화 예술을 통해 '인문학적 상상력' 을 발휘할 수 있는 능력을 함양하기 위해 무엇이 필요한지를 찾아야 한다. 중요한 것은 축적이다. 사람이든 공간이든 자료든 우리 원도심에서 벌이는 모든 행위는 고스란히 쌓여야 한다. 한번쯤 가볍게 소비해 버리는 이벤트는 곤란하다. 원도심활성화는, 살면서 쉽게 접하지 못한 희귀한 물건 '스카이로드'에 홀려 부나비처럼 몰려드는 '소비자'가 아닌 원도심이 지닌 가치를 인식하고 새로운 인문학적 상상력을 위한 공간이 필요한 '사람'을 중심에 두고 뭉근하게 풀어가야 한다.

6. 지금처럼 소비해버릴 공간은 아니다.

중구를 중심으로 한 원도심에 관한 관심이 높아지면서 벌어지는 현상 중 하나는 이곳을 찾는 이가 늘어난다는 점이다. 공적 기관을 통해서든 민간 영역을 거치든 탐방, 답사, 관광, 취재 등 다양한 목적을 지닌 방문객이 늘었다는 것을 체감한다. 이런 변화를 바라보며 걱정스러운 것은 원도심을 찾는 이들이 기대한 무엇을 가져갈 수 있을 지다. 기대에 부풀어 원도심을 찾았다가 실망만 가득안고 떠날 지도 모른다. 지극히 주관적인 판단이지만, 이곳을 찾는 사람이 다시 찾고 싶은 마음이 생길정도로 만족하며 돌아갈지에 관해서는 자신이 없다. '원도심'을 소비 대상처로 바라보면서 벌어진 일이다. 심하게 말하면, 다양한 영역에서 다양한 필요에 의해 끊임없이 소비해버린 형국이다. 우리가 근 100년 가까이 벌여왔던 무지한 오류를 아무 반성없이 다시 반복하고 있다는 우려를 금할 수 없다.

이를 해결하기 위해 이곳을 찾는 이들에게 보여줄 무엇인가를 만들기 위해 머리를 싸매야 한다는 이야기 역시 아니다. 좁게는 원도심 구역 이해 당사자 및 관계자, 넓게는 시민 전체와 이 공간에 관한 합의를 볼 필요가 있다. 공적

자금을 지금처럼 쏟아붓는다면, 그래야 할 이유는 충분하다. 이 과정이 행정적 절차로 끝나서는 안 된다. 자문위원회 심의위원회 실행위원회 등을 구성하거나 설명회나 간담회 자리를 몇 차례 열었는지는 중요하지 않다. 여기서 말하는 '협의' 라는 개념은 좀 더 깊은 개념이다. 도시는 물론 문화예술에 관한 전반적 이해가 시민 사이에서 깊어질 수 있도록 제도적 장치 마련이 필요하다. 일상적인 학습 기회를 제공하고 학습자를 조직하는 등의 작업을 통해 정책 주도를 관이 아닌 민간에서 할 수 있도록 환경을 만들어야 한다. 이런 작업을 통해 도시민 수준이 전반적으로 상향조정되지 않은 상태에서 벌이는 협의 절차는 절대로 요식행위 그 이상일 수 없다. 더는, 시민 의견을 충분히 들어 사업을 추진했다는 말이 면제부가 되어서는 안 된다. 이 과정이 무척 길고 지루하며 원하는 합의 결과를 빠른 시간 안에 끌어낼 수 있을 지 확신은 없다. 지금껏 우리에겐 그렇게 해 본 경험이 없다. '원도심' 을 대상으로 한 이런 소통 구조가 만들어지기를 기대한다. 단선적이고 획일적인 소통구조가 아닌 다양한 단위와 다양한 라인으로 연결된 그런 구조로 만들었으면 좋겠다.

또 이곳에서 벌어지는 일이 한 번에 전체를 대상으로 막대한 사업물량을 제각각 쏟아내는 형태가 아니었으면 좋겠다. 시와 구, 재단 등 공공기관과 민간기관에서 여러 사업을 이 공간에 펼쳐 놓는다. 이 공간이 어떤 모습으로 가야할 지에 관한 큰 그림을 그려놓고 점검할 '지휘부' 가 없는 상황이다. 모두 각자 상황에서 필요한 소비만 벌일 뿐이다. 이를 조율하고 점검할 지휘자가 반드시 필요하다. 원도심은 고고학자가 땅속에서 가치 있는 유물을 발굴해내듯 조심스럽게 정성껏 조금씩 조금씩 가치를 찾아내야 할 공간이다. 그 가치에 어울리는 무엇인가를 만들어가야 한다. 물론 판단이 선다면, 그냥 덮어놓고 조용이 두고 볼 상황도 벌어질 것이다. 이곳을 대상으로 벌어지는 현재의 북적거림이 마냥 즐겁지만은 않다. 이제 잠깐 숨을 돌릴 때다.

참고문헌

김수용외,『예술의 시대_예술의 발생과 해체, 그리고 진화』, 아카넷, 2009
클리퍼드 기어츠, 문옥표 옮김,『문화의 해석』, 까치, 2009
에드워드홀, 최효선 옮김,『문화를 넘어서』, 한길사, 2000
김정헌,『예술가가 사는 말을 가다』, 검둥소, 2014
에드워드 홀, 최효선 옮김,『예술의 조건: 근대 미학의 경계』, 돌베개, 2012

대전 문화 · 예술 정책의 체계적인 수립을 위한 소고

임기대(대전문화연대 공동대표, 한국외국어대학교 HK교수)

‖ 대전 원도심, 문화예술의 개성을 찾아 나서다 ‖ 04

대전 문화 · 예술 정책의 체계적인 수립을 위한 소고*

임기대(대전문화연대 공동대표, 한국외국어대학교 HK교수)

1. 들어가면서

인간을 지구상의 다른 존재와 구별짓도록 해주는 것은 문화를 향유하고 발전시킬 수 있는 능력을 갖고 있다는 것이다. 역사이래로 인간은 수많은 문화를 만들어 왔으며 '지금 · 여기' 에서도 만들어가고 있는 중이다. 21세기 들어 문화는 어느 때보다 그 중요성이 더해가고 있다. 문화가 한 국가, 한 지역의 정치, 경제, 사회적 가치를 좌지우지 한다고 해도 과언이 아닐 정도이다. 세계 최고의 문화대국 프랑스만 보더라도 문화를 통해 엄청난 관광수입을 걷어들이고 있다.[1] 단순히 돈으로 환산할 수 없는 무형의 가치는 엄청나다. 문화를

* 이 논문은 2014년 충청대학교 〈충청문화〉에서 기고한 내용을 수정 보완한 것임. 주로 학술자료에 근거하기보다 현장 조사에 근거한 사례를 중심으로 기술한 내용임을 밝힘.

통해 국민들의 문화 · 예술에 대한 감수성은 학교 교육부터 다르게 나타나며, 성장하면서는 프랑스 국민으로서의 자부심과도 직결된다.

대전은 여타 도시들에 비해 역사성이 많이 부각되지 못해 문화자원이 부족한 도시로 인식되었다. 다행히도 수년 전부터 대전 원도심[2]을 중심으로 문화 · 예술자원에 주목하여 대전 문화에 대한 여러 가지를 조명하고(근대 건축물, 문화 · 예술 창작 공간, 음식점, 문화 생산자 등) 나름의 성과도 거둬들였다는 평가를 받고 있다. 원도심 뿐만 아니라 행정과 경제의 중요한 축이 된 신도심에는 예술의 전당, 시립미술관, 선사박물관, 역사박물관, 고암문화재단(구 이응노미술관) 등을 비롯한 문화기반시설이 꾸준히 확충되고 있다. 경제적으로만 성장하는 도시에 문화기반시설을 통해 문화 · 예술을 일상적으로 경험토록하고, 다양한 모습을 입혀 시민들의 정서를 풍요롭게 해주고 있는 것이다. 게다가 2009년에는 대전의 문화 · 예술 관련 정책을 가장 구체적으로 실현시킬 수 있는 〈대전문화재단〉이 출범하였고, (구)연정국악원 위치에는 2015년 〈대전문화 · 예술센터〉가 들어서 대전문화예술의 센터로 자리잡을 예정이다.

이렇듯 문화도시 대전을 만들기 위한 과정은 다양한 부분에서 진행되고 있지만 몇몇 과제는 여전히 남아 있다. 여기에서는 민선 5기 대전의 문화 관련 정책 중 문화 · 예술 분야를 살펴보면서 진정한 문화도시 대전을 만드는 일이 무엇인지를 생각해보고자 한다. 이를 토대로 문화 · 예술 정책은 물론 대전의 민선 6기 대전 문화 · 예술 정책에 대해 고려해 봐야 할 내용이 무엇인지를 살펴보고자 한다. 이는 문화 · 예술 그리고 상상력이 풍부한 대전을 어떻게 만들어갈 것인가를 고민해 보는 일이면서 향후 대전 문화 · 예술의 새로운 지평

---

1 2013년 유엔 세계관광기구(UNWTO)에 따르면 프랑스는 외국인 관광객 8300만 명으로 수도 파리는 물론, 지방의 문화 · 예술 행사 체험 그리고 농가의 민박에서 전통 체험을 즐기는 농촌 체험형 숙박 네트워크를 구축하여 21세기형 문화산업을 새롭게 구축해가고 있다.

2 대전은 '원도심' 관련 규정 조례를 재정한 몇 안 되는 지자체였지만 관련 조례가 2009년 폐지되고 이후 문화 · 예술 관련 조례 관련 체계적인 정책을 지원해 줄 법제 장치가 없었다. 이에 따른 원도심 중심의 문화 · 예술 정책은 부재할 수밖에 없을 것이다. 게다가 원도심에 대한 정확한 지역조차 규정되지 못한 체 이해당사자들 간에 다르게 나타나고 있다. 여기에서 '원도심' 이라 함은 대전역에서 충남도청까지 근대 도시 대전을 형성했던 거리(1.1km)을 일컫는다.

에 대한 기대감이기도 하다.

2. 문화 · 예술 기반 시설물과 일상의 문화프로그램 증가

대전은 여타 도시에 비해 문화기반시설이 상당히 부족했던 도시이다. 다른 도시에 비해 예술의 전당이나 시립미술관, 문화재단 등의 시설물과 기관이 상대적으로 늦게 건립되었다. 문화 · 예술 업무를 총괄하는 〈대전문화재단〉의 경우도 늦게 들어선데다 외형적인 인력 충원 등이 확장성을 보여주긴 했지만, 중요한 재정 자립도의 경우 타 도시에 비해 많이 뒤쳐져 있는 편이다. 그럼에도 불구하고 지난 민선 5기를 볼 때 〈대전문화재단〉 건립은 대전 문화 · 예술의 발전을 위해 상당히 고무적인 일이었다.

무엇보다 시에서 주로 담당했던 문화 · 예술 관련 업무가 상당 부분 재단으로 넘어와 독자적인 업무를 수행할 수 있었기 때문이다. 그럼에도 불구하고 문화에 관한 지난 몇 년 동안은 여전히 새로운 건물 신축이 확연히 눈에 띤다. '문화의 시대' 들어 소프트웨어가 아닌 하드웨어 구축에 전력을 다하고 있었다는 것이다. 이응노미술관(2007), 선사박물관(2007), 대전창작센(2008), 한국족보박물관(2010), 대전문학관(2012), 대전역사박물관(2012), 대전전통나래(2014) 등이 세워졌고, 테미도서관을 활용한 테미예술창작센터가 2013년 말에 개관했다. 그중에서도 대전창작센터는 대전의 근대건축물을 그대로 활용하여 문화 공간으로 활용했다는 점에서 부수고 새롭게 만드는 일에 익숙한 시민들에게 문화공간에 대한 신선한 관점을 제시해 주었다. 테미예술창작센터의 경우 도서관과 레지던스의 기능을 함께 하기에 다소 혼란스러운 부분도 있지만, 향후 운영 방식이 어떻게 될지 지켜볼 필요가 있다. 대전창작센터의 경우를 잘 활용한다면, 훌륭한 문화공간으로 탄생할 가능성이 많아 보인다. 하지만 개관 5년이 지났지만 장소가 갖고 있는 중요성에 비해 시민들의 인지도는 상당히 낮은 편이다.

우리 지역에서 최근 눈여겨볼 수 있는 문화공간은 작은 도서관의 건립이다. 작은 도서관의 증가는 지역민들이 서로 책을 통해 토론과 문화 관련 이야기를 할 수 있다는 점에서 주민들의 생활 밀착형 공간이다. 작은 도서관 활성화가 눈에 띄게 드러나는 것은 NGO단체들과 지역민들이 소규모 어린이 도서관을 건립하려는 자발적 운동에 힘입은 바가 크다. 알짬이 어린이 도서관, 버드내 작은 도서관, 전민동 모퉁이 어린이 도서관, 해뜰마을 어린이 도서관, 중촌동 어린이 짜장 도서관 등이 대표적인 예이다. 버드내 작은 도서관은 노인 전용 도서관이며 나머지는 어린이 전용 도서관이라는데 시사하는 바가 크다. 게다가 모퉁이, 해뜰마을, 짜장도서관은 대전에서 직접 생산한 태양광 에너지를 활용하여 설립되어 어린 아이들의 교육적 효과에도 도움이 되고 있다. 나아가 마을 공동체 단위의 문화 공간으로도 활용될 가능성을 갖고 있다.

하지만 이런 몇 군데의 작은 도서관을 제외하고는 전반적으로 눈에 띄는 활동이 부족한 상황이다. 특히 각 구별로 작은 도서관은 그리 많지 않아 보이는데, 그런 의미에서 유성의 경우를 눈여겨볼 필요가 있다. 유성의 민선 5기 공약 중 하나이기도 한 작은 도서관 조성은 그래서 생활밀착형 문화공간의 구내 확충이라는 점에서 바람직해 보인다. 유성구는 "걸어서 10분 거리 작은 도서관 10개 만들기" 마스터플랜을 바탕으로 조사 대상지를 선정했다고 한다. 유성의 작은 도서관 건립이 성공하여 제대로 자리를 잡는다면 지역민은 물론, 타지역에도 좋은 사례가 될 것으로 기대하지만, 그 효과에 대한 평가는 아직 단정하기가 쉽지 않다. 민선 6기가 시작되어 지속적인 발전과 확충을 할 것인지는 현재로선 잘 알 수가 없지만 지난 5년의 성과만을 볼 때 지속적으로 홍보 및 확충할 필요는 있어 보이며, 지역민들에게 더 널리 홍보가 필요해 보인다.

다음으로 일상의 문화를 향유할 수 있는 기회가 증가했음을 눈여겨볼 수 있다. 소프트웨어적 측면에서 일상의 문화 · 예술 프로그램이 증가했다는 것은 대전 문화의 전반적인 수준 상승과도 직결된다. 소단위로 진행되는 일상의 문화 프로그램을 모두 파악할 수는 없지만, 현재 진행되고 있는 프로그램을 보면 지속적인 프로그램을 만들 수 있는 제도적 장치와 주민들의 참여가 요망된다. 많은 프로그램이 새로 생겨 났기도 했지만, 중단되었기 때문이다. 예를 들어 대전시에서 야심차게 추진한 원도심 대흥동 '토요어울마당' 이 있었지만, 몇 년 전 중단되었다. 읍내동의 마을 축제인 '굴다리축제' 도한 지난 2013년 대폭 축소되었다. 유성의 궁동축제의 경우 시민들의 자발적인 참여로 지속되어오다 몇 년 전 사라진 듯 하다. 문화 · 예술적 측면에서 바람직한 프로그램이 사라진 것을 보면 지속적인 관심과 지원이 얼마나 중요한지를 알게 해 준다. 이외에도 '책으로 행복한 대전' (2007)을 통해 〈희망의 책 대전 본부〉를 대전시가 발족했다. 대전시 전체에 책 읽기 문화 행사를 확산시키려 한 것인데, 8년 정도가 지난 지금 어느 정도의 효과를 거두었는지는 미지수다. 단지 구호에 불과한 것은 아닌지 되돌아볼 필요가 있다. 민선 6기가 축제와 관련 어느 정도의 정비는 불가피해 보인다.

근대도시로서의 대전은 물론 역사문화유산 보존 및 복원정비에 관한 작업도 진행되고 있다. 계족산성 복원을 통해 '산성의 도시 대전' 을 구축하려는 작업, 선사유적지와 동춘당 정비 등이 대표적이다. 대전 인근에 많은 산성이 있고, 유성에도 구성산성, 안산산성, 적오산성, 성북산성과 같이 많은 산성이 있지만 상대적으로 타 지역에 비해 조명을 받지 못하고 있다. 최근 몇 년 동안 생소했던 산성의 이미지를 지역 NGO 단체인 〈대전문화연대〉와 이후 사단법인 〈대전문화유산울림〉 등의 활동으로 전국적으로도 대전 산성을 한 단계 업그레이드 한 것으로 평가받고 있다. 단지 산성뿐만 아니라 지역의 문화 자원이 대전문화 · 예술의 중요한 정책의 일부라는 생각을 갖게 하는 중요한 작업을 진행했다고 평가받고 있다.

최근 원도심을 가보면 연극전용 소극장이 활성화되고 있음을 알 수 있다. 대흥동이 문화 · 예술의 성공적 공간이 될 수 있었던 데에는 이런 소극장의 활성화, 문화카페, 근대경관의 보존, 다양한 먹거리 공간이 공존하고 있기 때문이다. 소극장의 경우, 지역 공연이 주로 예술의 전당에서 많이 이루어졌음을 생각할 때 원도심에서의 공연 공간 활성화는 향후 원도심의 문화 · 예술 활성화에 많은 도움이 될 것이다. '드림아트홀', '핫도그', '마당', '고도' 등의 극단들이 서로 인접해 있어, 대흥동 문화 · 예술거리의 독특한 문화공간을 형성하고 있다. 몇 년 전에는 프랑스문화원 대전 분원이 이곳에 개원을 해 다문화적 정체성을 담은 행사(음악, 미술, 사진 등)를 정기적으로 열고 지역민의 문화 감수성을 자극하고 있다.

새로운 갤러리들 또한 원도심에 자리하고 있다. 쌍리, 이데, 스페이스 씨, 우연, 현대 갤러리, Parking 등 갤러리만 10여개 이상이 오밀조밀하게 몰려있어 걸어서 갤러리 탐방을 하기에도 좋다. 수십 개의 문화 카페와 대전프랑스문화원 분원, 민예총, 현대마임연구소 제스튀스, 산호여인숙, 공감만세 등이 원도심에 자리했다. 원도심은 경제적 공동화와는 달리 문화적 르네상스를 맞고 있는 셈인데, 이런 문화 · 예술 기반시설물이 들어서면서 원도심 상권 변화도 눈에 띄게 달라지고 있다. 이중 몇몇 문화 단체들은 2014년 말 개원 예정인 〈대전문화 · 예술센터〉에 새 둥지를 터 약간의 문화지형 변화를 예고하고 있다.

마지막으로 문화 · 예술 공간들이 생겨나고 활성화되면서 지역공동체 문화의 활성화 또한 최근 들어 활기를 띠고 있다. 〈원도심레츠〉를 중심으로 한 대흥동 일대에서 '두루' 라는 지역 화폐를 이용하여 식사도 하고 물건을 저렴하게 구입하는 공동체 공간이 갈수록 늘어가고 있다. 또한 다문화시대에 맞게 이주민들의 입맛과 다문화공동체를 위한 업소들도 생겨나고 있다. 정기적으로 열리는 아트프리마켓의 경우도 이 지역만의 새로운 볼거리로 자리 잡아가고 있다.

지금까지 원도심을 기반으로 하는 문화·예술의 활성화는 문화와 예술을 꿈꾸고 창작활동을 하는 생산자는 물론, 수용자들에게까지 신선하게 다가와 문화도시 대전을 상상하는 일이 허상이 아님을 보여주고 있다. 지난 2007년부터 시작된 본격적인 문화·예술 활성화 정책이 현재 어느 정도의 가시적인 성과를 거두고 있음은 향후에도 지속적인 관심만이 이 지역의 문화를 대전의 대표적인 문화지역으로 승화시킬 수 있지만, 원도심 상권 살리기 라는 정책에 가려 문화·예술 정책이 상권을 활성화시키는 보조 수단으로 전락당하거나 외면당하는 한계 또한 노출되고 있다. 원도심을 중심으로 한 〈도심 활성화 기획단〉[3]이 구성되어 원도심 활성화라는 의지를 보이고는 있지만 문화·예술을 구색 맞추기에 끼워 넣고 주로 상권 살리기에 초점이 맞춰져 있는 인상을 주는 것도 이런 이유에서 비판의 대상이 된다.

3. '축제' 는 선거에 따라

한국 사회는 현재 축제 르네상스라 해도 과언이 아니다. 최근(2013.10.30) 문화체육관광부에 따르면, 2012년 전국에서 열린 2429개의 축제에 정부와 지자체가 지원한 예산은 2594억 원이었다고 한다.[4] 대부분의 축제가 1950년대 이후에 생겨나면서 1970년대까지 한 자리 수로 증가해 왔다면 1980년대 이후로는 두 자리 수로 그 수가 증가하고 있다. 이처럼 많은 축제와 과도한 축제 예산으로 인해 가뜩이나 살림이 열악한 기초자치단체는 물론 광역자치단체의

3 2013년 (구) 충남도청 자리에 있으며, 시민과의 소통 및 현장 행정을 강화시켜 원도심활성화에 기여하겠다는 취지로 만들어졌다. 주로 상인들과의 관계 및 활성화를 논의하고 있기에 문화·예술이 상대적으로 소외받고 있다는 지적이 있다.

4 한국경제, 2013. 09. 05 기사 참조.

재정난도 가중되었다는 것이 문체부의 주장이다. 그럼에도 불구하고 모든 지자체들이 지역의 특색을 드러내고, 지역민들이 같이 어우러지는 축제를 발굴해내려는데 안간힘을 쓰고 만들어 내고 있다. 대전 또한 수 년 전 대표적인 축제로 '한밭문화제' 를 오랫동안 지속해 왔지만 대전의 특색을 잘 드러내지 못했다는 비판에 결국 25년 이상 지속해 온 축제를 폐지하고 말았다. 이후 대전을 상징하는 축제로 2008년 H_2O 페스티벌이 개최되었다. 대전을 상징하는 과학과 '하천' 의 '물' 을 소재로 했다는 긍정적인 평가가 있었다. 하지만 많은 관람객이 참여했음에도 불구하고 축제는 지속되지 못하고 일회성 행사로 끝나고 말았다. 올해로 4년째인 사이언스페스티벌의 경우도 설문조사를 할 때마다 대전의 상징인 대전을 한껏 부각시켰다는 평가를 받았지만, 결국 축소되고 말았다.[5]

이렇듯 민선 5기에서도 가장 논란이 되었던 것이 '축제' 이다. 많은 축제들이 축소되었지만, 새로운 축제가 등장하였다. 민선 5기의 명품 대표 축제 선언은 공약의 핵심이기에 2013년 '대전 국제 푸드&와인 페스티벌' 은 시민들의 관심을 끌었다. 2013년 두 번째로 '대전 푸드 & 와인 페스티벌' 이 개최되었으며 2014년 민선 6기에서도 어떤 식으로든 개최는 되겠지만, 지속적인 축제로 유지하기에는 어렵다는 것이 시민들의 공통된 생각이다. 26억 원을 들여 개최한 축제가 540억 원의 경제적 파급효과를 가져 왔고, 우리 전통주를 세계에 알릴 수 있다는 긍정적인 소리도 있지만, 대전이 웬 술과 관련된 도시인가를 의문시하는 시민들이 많아 문제를 제기하는 목소리가 높아진 것이다. 2013년 약 2억 원으로 추진된 8번째 '대전 견우직녀 축제' 도 10억 2500만원의 유무형적 이익을 얻은 것으로 평가되었다.

시별로 진행되는 축제 이외에도 구별로 여러 축제가 있다. 동구가 추진했던 대전역 중앙로를 중심으로 펼친 '영시 축제' 는 첫 해 시민들의 인기를 끌

---

5 많은 문제점을 내포하고 있었지만 2004년 대전문화연대의 〈한밭문화제〉 모니터링 이후 대전 축제의 기본 방향과 문제점을 생각하게 했으며, 결국 폐지와 동시에 새로운 축제 발굴을 모색하게 되었다.

었으며, 이색성이 충분해 시민들의 공감대를 얻었다. 하지만 예산 부족 등의 이유로 이후에는 지속되지 못하였다. 선거 국면에서 이 축제를 다시 부활시키겠다는 여론이 팽배했고, 대전역 인근 활성화 정책과 더불어 새롭게 거론되고 있는 형국이다. 시와 구의 지원을 받으면서도 지속적으로 유지되지 못하는 축제와는 달리, 그리고 규모가 화려하지는 않지만, 젊은 문화 예술인들이 중심이 되어 자발적으로 활성화시킨 '대흥동립만세축제' 와 같은 사례를 눈여겨볼 필요가 있다. 재정적 지원을 받지 않고 풀뿌리 축제라 할 수 있는 '대흥동립만세축제' 는 문화 · 예술 활성화와 관련하여 많은 사람들의 주목을 받고 있다. 상인, 문화 · 예술인, 지나가는 관객 모두가 하나가 되어 흥겨운 놀이를 하는 것을 보면 절로 감탄을 연발한다. 대흥동 '우리들 공원' 과 대흥동 일대에서 열리며, 이곳의 야외공연장은 지난 2008년 완공되어 지금까지 원도심 공연의 메카로 자리하고 있다. 반드시 큰 축제와 자본이 많이 들어간 축제만이 성공한다는 등식을 여지없이 깨고 있는 축제의 좋은 사례이다.

유성의 경우 가장 주목되는 축제 중 하나는 '유성온천문화축제' 이다. 해마다 5월에 개최했던 축제인데, '건강 페스티벌' , '눈꽃 축제' 등의 이름으로 바뀌어 진행되고 있다. 그동안의 축제 성격과는 달리 전통 재래시장과의 접목을 꾀하여 신선한 이미지를 주었지만, 실제 온천과 재래시장의 활성화에 기여했는지를 평가하기에는 이른 점이 있다. 그럼에도 불구하고 유성의 축제가 주목받는 것은 몇 년 전부터 지속적으로 이어져왔다는 점, 대전의 대표적인 관광지인 유성 온천에서 열려 '과학과 온천' 의 결합을 시도할 수 있다는 점, 올해는 전통시장과의 연계 등으로 인해 향후 유성 축제 전반에 걸친 로드맵을 구상할 수 있다는 긍정적인 평가를 받고 있다.

각 지자체별 축제는 지역과 그 지역에 살고 있는 사람들에게 활력을 주기 위해 개최된다. 그러나 축제가 지나치게 경제적 활성화에만 초점을 두게 된다면 지역이 갖고 있는 정체성, 혹은 산업화와 도시화에 따라 상실된 인간성의 회복 차원에서 축제를 기대할 수 없을 것이다. 오히려 정체성 확인을 통한 지역사회의 활성화를 위해 큰 축제보다 작은 축제들에 지속적인 관심을 가질 필요가 있다. 작은 축제들이 지속적으로 유지되고 성공한다면 큰 축제와의 연계를 통한 효과를 배가시킬 수 있을 것이기 때문이다. 축제는 무엇보다 자치 단체장의 선심성 공약이 아닌 지속적이고도 안정적인 축제를 구상해야 한다. 지금까지 많은 축제들이 새로 생기고, 사라지고를 거듭하면서 쓸데없는 예산 낭비라는 지적이 일지 않도록 지역민들의 공감을 얻어내는 일 또한 중요할 것이다.

4. 융복합과 다문화적 정체성의 도시

'과학' 과 '예술' 을 융합한다는 주제로 '아티언스(Art+Science) 페스티벌' 이 2012년 대전에서 처음으로 개최되면서 문화 · 예술과 과학의 접목이라는 신선한 시도가 새롭게 주목받고 있다.[6] 포럼, 레지던시, 공모전, 청소년 캠프 등 4개 프로그램을 열어 그 성과를 마지막 프로그램인 '아티언스 페스티벌' 에 수렴시키고, 이 최종 페스티벌을 다양한 층이 폭넓게 참여할 수 있는 대전예술축제로 승화시키고자 한 것이다. 대전이 갖고 있는 과학이라는 상징성을 예술과 최대한 접목시켜 최근 화두인 융복합의 개념을 문화 · 예술 차원에서 극대화하려는 의지를 보이고 있다는 측면에서 많은 사람들의 관심을 끌기에 충분했다. 게다가 문화 · 예술에 목말라 했던 대덕연구단지 과학자를 대전의 문화 · 예술 공간에 끌어들이려는 노력은 그 자체로 긍정적인 평가를 받았다.

2013년 개최된 '아티언스 프로젝트 페스티벌' 이라는 주제의 행사는 조금

6 2011년 대전특화 문화 · 예술 프로젝트로 야심차게 시작한 '아티언스 페스티벌' 이 그 토대가 되었으며, 대전의 대덕연구단지 산하기관과 미술을 비롯한 예술가들의 만남에서 비롯되었다.

은 더 성숙한 모습을 보이고 있다. 아티언스 프로젝트는 포럼, 레지던시, 공모전, 캠프 등으로 이뤄져 있으며, 아티언스 프로젝트 과정과 결과물을 한데 모아 '아티언스 주간' 을 열기도 했다. 예술가와 과학자가 협업한 대전예술과학 레지던시 전시도 열렸는데, 〈대전문화재단〉과 〈대전시립미술관〉이 공동 주관하고 〈한국기계연구원〉이 협력하여 이질적인 듯 보이는 기관이 새로운 것을 창안하려는 의지를 내보였다. 입주 작가들이 〈한국기계연구원〉 내에 머물면서 연구진들과 자유롭게 교류하며 작업을 진행했으며 지속적인 워크숍을 통해 과학자들과 교류하며 아이디어 확장을 꾀하기도 했다. 이 기간 동안에는 〈이응노미술관〉, 〈대전문화 · 예술의전당〉, 〈시립미술관〉 등에서 다양한 기획 전시 공연 등이 개최되어 시너지 효과를 얻었다는 평가를 받았다. 무엇보다 예술가들이 과학자들과 함께 상상력과 창의성을 주고받을 수 있는 가장 좋은 환경을 지니고 있는 대전의 대표 브랜드로 커 나갈 수 있길 기대하고 민관학이 골고루 참여했다는 평가를 받는다. 지난 2014년에는 〈프로젝트 2014 : 더 브레인〉이란 제목으로 진행되고 있자. 하지만 일반 시민들의 호응이 얼마나 되는지는 미지수이며 아직 예술에 대한 인식도 높지 않은 상황에서 과학과의 접목이 예술을 더 어렵게 하는 건 아닌지 우려의 목소리도 있다. 이 부분에 대한 지속적인 관심과 시민을 이해시킬 수 있는 여러 가지 홍보 등이 필요할 것이다.

대전시는 그 어떤 도시보다 외국인 혹은 이주민 등이 많이 증가하고 있는 곳이다. 수많은 유학생은 물론, 이주 노동자, 탈북자 등까지 있고 게다가 종교적으로도 다양한 색채를 더해 가고 있다. 대전에 과연 〈이슬람 사원〉이 있음을 알고 있는 사람이 몇이나 될까?[7] 이국적 분위기의 식당, 이태리, 인도, 멕시코, 알제리식당까지 일반적으로 접할 수 없는 많은 외국 식당들이 몰려 있어 이를 특화할 수 있는 문화 · 예술정책도 필요할 것으로 보인다.

---

7 현재 대전에는 대전역 인근과 유성 어은동 2곳에 이슬람 사원이 있어, 한국 내 무슬림들의 커뮤니티 역할을 하고 있다.

대전의 이주민은 현재 결혼 이주자, 노동자, 유학생 및 연구원으로 구분될 수 있다. 특히 외국 유학생 및 연구원의 경우 전국 어느 지역보다 대전이 압도적으로 많은 비율을 차지하고 있어, 향후 대전의 과학, 문화 · 예술과 더불어 대전의 정체성을 드러낼 수 있는 요소로 보여진다. 유성의 경우에 많은 외국인들을 볼 수 있는데, 최근 이 지역은 이슬람사원을 비롯하여 외국 식당 등이 많고, 이들만의 커뮤니티 공간이 잘 활성화되어 있어 체계적인 프로그램 및 정주민과의 융화 프로그램 등을 개발할 필요성이 대두되고 있다.[8] 이슬람에 대한 무조건적인 배척보다 이들을 이해하고 더불어 살 수 있는 대전의 문화정책을 생각해 본다. 대전의 이주민과 더불어 하는 행사가 없지는 않다. 대전을 건강하고 성숙한 다문화 사회로 만들기 위한 걷기 축제가 유학생, 다문화가족, 대전 시민 등이 참여하여 2011년부터 개최되었다. 수천 명의 내외국인이 함께 걸으며 문화적 민족적 다양성을 어우르고 나눔으로써 다문화에 대한 인식을 개선하는 것을 목적으로 해마다 열리고 있다. 다문화에 대한 배타성을 극복하고 피부색과 언어문화가 다르지만 상호 존중하며 소통하는 사회를 만든다는 의미에서 관심을 가져야할 축제이다.

다문화 축제와 관련한 사항은 향후 더 많은 관심을 끌 것이다. 축제도 축제지만 다문화 관련 커뮤니티를 체계적으로 조사 정립하여 전체 다문화 축제 혹은 정책 관련 로드맵을 그리는데 활용할 필요가 있어 보인다.

8 민선 4기에서 2009년 카이스트와 인근 어은동 일대를 '국제화존'(KAIST International Zone)으로 만들겠다는 의지를 보였지만, 유명무실하게 실패한 정책으로 전락해버렸다. 외국인이 많고, 외국에서 공부한 한국인이 많아 서울의 이태원으로 만들겠다는 취지로 조성된 이 사업은 문화 · 예술을 비롯한 외국인 관련 기초 조사 조차 되어 있지 않은 상황에서 국제화 혹은 세계화라는 유행에 따라 재정만 낭비한 대표적 사례로 꼽히고 있다. 게다가 대상자인 카이스트 및 이곳 주민들의 외면까지 받았다. 충청투데이, 2010년 7월 12일, '외면받는 카이스트 국제화존' 기사 참조.

5. '원도심' 과 '신도심' 사이에서

대전의 문화 · 예술정책은 그동안 많은 우여곡절을 겪어 왔다. 자치단체장이 바뀔 때마다 시행되어 온 정책들이 수시로 폐지되거나 축소된 사례들이 너무도 많았기 때문이다. 그럼에도 문화기반시설이 대폭적으로 증가하고, 문화자원의 체계적인 관리와 지원에 대해 주목하고 있음은 향후 대전은 물론, 개별 구의 문화 · 예술 정책과 관련해서도 깊이 생각해볼 대목이다. 하지만 문화기반 시설물 증가가 대전의 문화 · 예술 수준 향상으로 반드시 이어지는 것은 아니다. 정책적 차원에서 문화 · 예술에 대한 종합적이고 체계적인 밑그림이 필요하지 않은 상황에서 좋은 결실을 기대하기가 어렵다.

대전의 문화 · 예술을 생각할 때 늘 극단적으로 대비되는 것이 원도심과 신도심이다. 현재 진행되고 있는 문화의 굵직한 사업은 대개 동서간의 격차 해소에 따라 이 두 지역에 집중적으로 지원되고 있다. 대전역에서 충남도청에 이르는 원도심의 경우, '대흥동 문화 · 예술의 거리' 를 중심으로 갤러리, 문화카페, 소극장, 저렴하면서도 맛으로 승부하는 식당 등이 오밀조밀하게 돌려 있다. 여기에 화가와 같은 전문 작가를 위한 임대료 지원, 거리정비 등을 통해 원도심만이 갖고 있는 문화적 특색을 다변화시키고 있다. 그럼에도 불구하고 다양한 지원책은 절실하다. 화가를 비롯한 예술가와 음악가 등이 어우러져 원도심에 문화 · 예술을 창의적으로 하려는 사람들이 거주할 수 있는 공간이 필요하다. 이에 따라 많은 장르의 예술인들이 서로 교류하고, 문화단체 혹은 기관과의 공유, 소통을 통해 이 지역을 특별한 문화 · 예술지역으로 만들 수 있도록 해야 한다. 우리는 무기 공장을 예술 특구로 변신시킨 중국 베이징의 따산즈 798, 철도역을 개조한 파리의 오르세 박물관, Issy les Moulineux의 화가촌 등이 문화 · 예술의 옷을 입어 얼마나 화려하게 문화공간으로 변화했는지를 알고 있다. 대전의 원도심에서도 그런 모습을 기대할

날이 멀지 않다는 희망을 갖는다. 그런 의미에서 2013년 말 개관한 〈테미예술창작센터〉는 많은 기대감을 갖게 하고, 충남도청, 관사촌 등의 활용 방안도 문화와 관련하여 향후 많은 기대를 갖게 한다. 대전예술인촌의 건립에ㅔ 따른 공간 확보도 기대감을 갖게 한다. 대전역 인근 주변은 소제 관사를 비롯한 철도 문화 자산도 활용할 것인지를 고민해야 할 것이다. 문제는 이런 지역이 매번 활성화될 때마다 예술가들이 저렴하게 있어야 할 거주 임대료가 올라가 결국 원도심을 떠나 또 다른 지역으로 떠난다는 것이다. 최근 우후죽순처럼 생겨나는 원룸촌 등이 이런 문제를 가속화시키고 있어 이에 대한 대책이 시급하다.

반면 신도심의 문화축은 단연 예술의전당, 시립미술관, 이응노미술관, 평생청소년문화센터, 역사박물관 등 대규모시설을 중심으로 형성된 서구지역을 흔히 말한다. 사람들의 취향은 다양하기에 단지 원도심과 같이 소규모적인 것이 아닌 대규모의 시설물 또한 필요할 것이다. 얼마 전까지만 해도 지역 간의 편차가 크다는 여론이 팽배했지만, 최근 들어 대전시립합창단이 중구, 동구, 대덕구 문화원을 방문하여 찾아가는 공연, '우리동네 해피클래식' 을 열었다. 서구에 편중된 문화 불균형 현상을 해소하기 위해 지난 3년 전부터 문화 소외지역으로 찾아가는 공연 등이 이어지고 있는 것이다. 그러나 지역 간 문화 편차는 여전히 좁혀지지 않고 있다. 예를 들어 대전 대덕문화원은 5개 구 문화원 중 유일하게 청사가 없어 제 역할조차 다하지 못하고 있다. 대덕평생학습센터와 대덕문예회관 건물에서 얹혀 사는 더부살이 신세이기 때문에 강좌 수가 다른 문화원에 비해 절반 수준밖에 미치지 못하고 있는 실정이다.[9] 어디 이 뿐인가. 예술단 공연 횟수도 심각한 수준이다. 2012년 행정감사에 따르면, 대전시립예술단은 92회 공연 중 서구 공연이 56회로 가장 많았고 중구

9 현재 (구) 충남도청에서 진행되고 있는 '대전시민대학' 이 그동안 개별 구 문화원에서 했던 강좌들을 똑같이 반복하여 진행하고 있어 원도심 활성화라는 명분하에 개별 구 문화원의 활동을 위축시킨다는 비판을 받고 있다. 이를 참작하여 시민대학의 경우도 향후 활용 방안을 새롭게 고려해야 할 것이다.

15회, 대덕구 9회, 동구 8회로 차이가 극명했다. 올해 상반기 역시 60%가 넘는 공연이 서구에서 열렸기 때문에 사정은 비슷한 것으로 집계됐다. 이렇듯 도시 균형 발전이라는 취지하에 문화 · 예술정책이 진행되고 있지만, 문화 향유 수준의 지역 간 불균형은 심각한 수준이다.

대덕구가 문화 소외 지역이라면 지역 거점대학인 충남대학교가 있는 유성구의 경우는 어떤가? 대전시 전체 보다 유성구를 통해 문화정책의 로드맵이 어떻게 구성되어야 하는지를 생각해 볼 수 있다. 유성은 과학과 온천의 도시이지만 동시에 많은 문화유적지와 문화유산을 갖고 있는 지역이며, 선비의 도시이기도 하다. 원도심 못지않게 전국적으로 유명한 유성재래시장과 궁동처럼 젊은이와 외국인들의 활기와 상상력이 잠재해 있는 곳이 있다. 도서관 수 또한 대전의 5개 구 중에서 그 수가 가장 많으며, 향후 10개 이상의 작은 도서관을 만들고 있거나 계획 중이다. 과학 도시로서의 대전은 유성의 이미지에서 나온 것이다. 연구단지의 인적 자원들은 문화적 감수성이 풍부한 사람들이다. 대전의 상징이기도 한 하천 중 으뜸인 갑천은 서구만의 전유물이 아닌 유성의 공간이기도 하다. 이곳에는 대전에서 가장 훌륭한 유림공원이 자리하고 있다. 이렇게 많은 문화적 요소들이 있어 좋을 듯 한데, 유성의 문화 · 예술 하면 대표적으로 떠오르는 것이 마땅히 없어 보인다. 그렇다보니 지역민들조차 문화에 대한 만족감은 높지가 않고, 주로 서구쪽의 문화 · 예술 공간을 많이 찾는 경향이 있다. 그러므로 유성의 경우도 체계적으로 관리하고 운영할 수 있는 밑그림을 토대로 다양한 상징물을 엮어낼 수 있도록 해야 할 것이다.

6. 나가면서 : 대전 문화정책에 관한 제언

흔히 말하는 매력 있는 도시, 시민들의 삶의 질이 좋은 곳으로 꼽히는 도시들의 한결 같은 공통점은 문화를 토대로 하고 있다는 것이다. 우리가 알고 있는 파리, 런던, 로마, 뉴욕, 아테네, 이스탄불 등 수 많은 도시들이 이에 해당된다. 비단 이런 대도시가 아니라도 소도시의 특징과 지방도시의 특성을 잘 결합시켜 문화적 특성을 잘 드러내 지역적 특색 안에 삶터와 일터를 일치시켜 그 안에서 최적의 환경을 누릴 수 있게 만든 경우가 많다. 한 도시의 지속가능한 발전을 문화에서 찾으려 했기 때문이다. 이탈리아의 볼로냐, 미국의 오스틴, 스페인의 빌바오, 2013년 유럽문화 수도였던 프랑스의 마르세유 등이 그에 해당되는 도시들로 많은 이들의 주목을 받고 있다.

대전에 살고 대전 시민으로 우리는 어떻게 대전을 문화도시로 만들어갈 것인가? 한 예로 동구 용전동에 대전복합터미널이 완공된 후 주변 상권이 살아났듯이 최근 명품 대전역사 사업이 완료되면 대전역세권이 활성화될 것이라는 기대감을 많이 갖고 있다. 하지만 대전역세권 개발로 기차 탑승객으로 대전역만 붐비는 현상이 오지 않을까 하는 우려감도 없지 않다. 대전역세권, 나아가 원도심과의 유기적인 연계 없이는 큰 매력을 줄 수 없을 것이란 생각이 드는 것은 미래를 보고 문화정책을 구현해내는 일이 그만큼 중요함을 말해준다.

서울역의 회의실은 회의나 소규모 학술대회 장소로도 활용되고 있다. 서울역의 식당과 카페 등을 자연스럽게 이용하고 시간적 여유가 있으면 쇼핑도 가능하기 때문이다. 이화여대의 ECC(Ehwa Campus Complex)도 좋은 사례로 꼽힌다. ECC는 부족한 캠퍼스 활용을 극대화하기 위해 대운동장을 지하캠퍼스로 탈바꿈 시켰다. 자유열람실, 연구실, 세미나실, 갤러리, 극장, 식당 등이 들어서 있어 새로운 관광지로 각광받고 있어 주변 상권도 자연스레 혜택을 받고 있다. 그런 의미에서 지난 일이지만 도룡동에 위치한 〈대전컨벤션센터〉가 대전역사에 위치해 있다면 얼마나 좋을까 하는 생각을 해 본다. 회의를 유치하고 역사 내부나 혹은 중앙시장 일대의 대전지역 맛집 식당을 활용하고, 더 나아가 시간적 여유가 있을 때는 소제 관사와 대흥동을 비롯한 원도심의 문화 · 예술지역 등을 방문하는 코스를 연계시키는 것이다. 게다가 모든 공간이 걸어서 다닐 수 있는 지역이기에 대전을 홍보하기에 최적의 장소가 될 수 있다. 비단 이 공간만 문화도시 대전을 만들 수 있다는 것이 아니다. 아직은 숨겨져 있는 대전의 수많은 공간들이 유성에도 대덕구 등에도 있을 것이다. 이에 대한 발굴과 전체적인 로드맵을 그리는 정책이 중요한 이유이다. 정책적인 로드맵을 그리지 않은 상황에서 문화정책, 특히 원도심의 문화정책은 그동안 많은 예산을 퍼부었음에도 불구하고 그저 소비되고 마는 현상을 겪었다.

그러므로 지금까지 언급한 내용을 토대로 이제 대전 문화 · 예술 정책의 체계적 구현을 위한 몇 가지 제언을 언급하고자 한다. 이는 학술적인 영역 이외의 실제적인 현장 작업을 통한 내용들이 될 것이다. 또한 어느 정도 지속성을 유지하고 있는 원도심의 사례를 토대로 각 구별 단위 혹은 대전이라는 공간 속에서 어떻게 문화가 매력을 발산하면서, 상상력이 넘치는 문화도시 대전을 만들어갈 수 있는지를 생각해 보려는 것이다.

1) 체계적이고 종합적인 문화 · 예술정책 구현

문화는 단번에, 특정 시기에 만들어지는 것이 아니다. 하지만 대개의 문화 · 예술정책이 이를 간과한 체 진행되곤 하는데 특히 선거 공약과 무관치가 않다. 그렇다 보니 자치단체장이 바뀔 때마다 다른 분야와 마찬가지로 지속적이고 체계적인 문화 · 예술정책이 되지 못하고 있다. 특히나 지역이 갖고 있는 '역사성' 과 '장소성'[10]은 문화의 체계적이고 종합적인 정책을 구현하는 데 가장 필요한 요소이다. 2013년 개장된 으능정이 거리의 LED 스카이로드는 문화에 대한 체계적이고 종합적인 플랜이 얼마나 중요한지를 보여준다. 원도심활성화에 165억 원 이상의 돈을 들여 미국의 라스베가스와 같은 곳으로 만들겠다는 생각인데, 으능정이거리에 어울릴지, 인접 문화 · 예술로 활성화를 꾀하고 있는 대흥동과의 관계는 어떻게 될지, 또한 목척교를 넘어 중앙시장과의 관계는 무엇인지, 다시 말해서 '원도심' 이라고 부르는 장소의 '역사성' 과 '장소성' 을 고려해야 하는데, 전혀 어울리지 않는다는 비판이 있다. 현재로서는 그 결과에 대해 속단할 수 없지만 계속 잡음이 일고 심지어 철거해야 한다는 비판적인 여론도 만만찮다.[11]

문화 · 예술 관련 원도심의 역사성과 장소성을 고려하지 않고 일회성 행사로, 혹은 경제적 가치만 생각하는 행사가 된다면 지역민들의 공감을 사기는 힘들 것이다. 하드웨어도 중요하지만, 소프트웨어, 즉 콘텐츠를 개발할 필요도 있어 보인다. 예를 들어, 대전역과 관련된 영시 축제, 대전블루스의 문화상품화, 그리고 소재동에서 대흥동 및 충남도청까지 연결하는 종합적인 문화로드맵을 생각해야 할 것이다.

2) 문화 · 예술인들의 창작 공간 활성화

지난 2014년 4월 유성시장에 사계절 문화 · 예술을 접하게 하려는 야외 문화공연장을 설치하였다. '전통 5일장과 예술의 만남' 이란 프로젝트로 추진

10 '역사성' 과 '장소성' 은 문화 도시, 문화산업을 일구는 데 있어 늘 중요하게 언급되는 핵심어이다. 그런 의미에서 엑스포 단지 내 '테마파크' 조성 문제를 생각해보아야 하며, 회덕이나 진잠, 원도심의 경우 이런 개념들을 활용하여 어떻게 지역 내 문화자원으로서의 새로운 의미를 입힐 것인지를 고민할 필요가 있다.

11 2014년 3월 19일 대전문화연대 주관으로 '스카이로드 출구전략은 없는가' 시민토론회를 개최한 결과 상당수의 전문가들이 스카이로드의 운영 방안에 대해 회의적 견해를 내보였다. 민선 6기로 이전된 이 문제는 철거 혹은 유지 라는 지역 내 최대 논쟁 중 하나가 될 것이란 전망이 있어 대전시의 구체적이고 체계적인 점검이 요구되고 있다.

된 문화공연장은 향후 지역의 명소로 만들어 공연 관람도 하고 먹거리, 볼거리를 제공하겠다는 취지로 만들었다. 유성시장은 전국적으로도 유명한 재래시장이다. 이곳이 단순한 시장이 아니라 문화 · 예술과의 만남을 통해 새로운 문화공간으로 태어나리라 기대했지만, 현재 시점에서 과연 그럴까 의구심이 든다. 전통시장과 문화 · 예술 부분을 접목하겠다는 의지는 좋지만, 문화 · 예술인들의 창작 의욕을 고취하기 위한 근본적인 정책은 없어 보이고 단지 예능적인 내용들로 채워진 듯한 분위기이다.

원도심에는 많은 문화카페, 갤러리, 작가들의 작업실, 소극장 등이 즐비하지만, 대전의 대표적 문화거리를 표방하는 서구나 유성시내조차 몇 개의 공간만이 산재해 있고, 그 기능 또한 단편적이다. 게다가 최근 들어서는 임대료 인상 등으로 예술가들이 원도심을 떠나려고 하고 있다. 그만큼 문화예술생태계가 견고하지 못함을 의미한다. 이들의 지원 뿐만 아니라 안정적으로 거주하고 작업할 수 있는 법적 장치까지도 고려해 봐야 할 것이다. 연구단지 내에도 몇 개의 문화공간과 갤러리가 있지만, 지역 작가와 문화 · 예술 활동가들과의 교류 및 활동은 파편적이다. 원도심이 대흥동을 중심으로 문화 · 예술의 창의적 공간을 만들고 있는 것처럼, 대전의 또 다른 지역들도 지역민들을 위한 창작공간을 활성화시킬 필요가 있다. 전통시장의 활성화도 이런 객락에서 진행된다면, 문화 · 예술의 지속적인 경쟁력 확보에 유리할 수 있다는 평가도 있다. 게다가 인접 온천관광휴양지, 연구개발특구 등이 있다는 점도 문화 · 예술형 시장으로 육성시킬 명분과 가능성을 보여 준다.

3) 생활밀착형 문화공간 '작은 도서관' 의 지속적 확충과 문화 · 예술 전문도서관 건립

전반적으로 대전은 대도시 중에서 도서관 수가 많다. 대형도서관에서 이제는 '작은' 도서관' 건립은 지역민들이 가까이서 문화 사랑방 역할을 하는 공간을 갖는다는 매력을 준다. 동시에 문화 사랑방에서의 토론 및 책읽기는 지역민들의 수준 향상과 문화에 대한 감수성을 유발하는 긍정적인 효과를 낳는다. 이미 중촌동, 석교동, 전민동 등지에서의 작은 도서관은 지역민들의 문화 공간으로 단순히 도서관의 기능을 넘어 다양한 문화 행사를 주관하여 지역 공동체 화합의 모델이 되고 있다. 이들 도서관 사례를 교훈삼아 더욱 다양한 생활밀착형 문화의 좋은 사례들을 만들어 갔으면 한다. 특히 목욕탕, 폐교, 여인숙, 파출소 등 지역의 유휴시설이 생활문화공간으로 재탄생될 수 있도록 리모델링하여 조성할 필요가 있다.[12]

4) 전통문화유산의 체계적인 관리와 홍보

그리스의 파르테논신전, 로마의 콜로세움, 피사 사탑, 베르사유 궁전이나 루브르 박물관 등 세계적인 문화유산을 잘 관리하는 도시를 보면 전통문화유산에 대한 체계적인 관리를 하는 것을 볼 수 있다. 대전의 전통문화유산은 풍부함에도 불구하고 상대적으로 사람들의 인식이 부족하다. 최근 스토리텔링이 문화의 중요한 콘텐츠로 부각하고 있는 점을 고려할 때 많은 이야깃거리를 갖고 있는 대전의 전통문화유산은 중요한 문화자원이 될 수 있다. 예를 들어, 원도심의 근대문화 건축물은 물론 산성과 같은 역사유물이야기, 성씨 이야기, 마을 지명 이야기를 체계적으로 발굴하여 관리할 필요가 있다. 단지 관리 차원에만 국한하는 것이 아니라 일반인들에게 홍보하여 대전이 많은 문화자원과 역사성이 있는 지역임을 인식시켜야 한다. 시청이나 문화원보다 문화 관련 단체와의 공동 홍보작업도 도시 문화·예술을 발전시킬 수 있는 매개체로서 활용할 수 있을 것이다.

12 문화체육관광부는 주민 생활밀착형 문화시설인 생활문화센터(구 복합문화커뮤니케이션센터)를 2014년 국고 지원 사업으로 12개 광역 지자체의 31개 시설을 최종적으로 선정하고 리모델링 사업비를 지원키로 결정해서 향후 확대될 것이 유력해 보인다. 대전의 경우도 이에 대한 적극적인 대처 방안을 강구할 필요가 있다. 뉴스와이어, 2014년 6월 30일, '문체부, 주민 생활밀착형 문화공간 '생활문화센터' 조성 착수' 기사 참조.

문화유산은 대전 문화예술정책에서 늘 소외되어 있다. 상당수가 문화=예술 혹은 예술자르 지원으로 생각하고 있기 때문이다. 〈대전문화재단〉 내에 문화유산을 관리하거나 전담하는 인력이 전혀 없다는 것은 바로 편향적인 문화정책의 일단을 보여주는 것이다. 그러므로 향후 〈대전문화재단〉 내 관리팀을 신설하여 재단이 예술 분야의 장르 중심에서 벗어나 지역 문화재 발굴, 보존에도 힘쓸 수 있도록 하여야 할 것이다.

5) 과학과 문화의 소통

21세기는 경계 허물기, 통섭의 시대이다. 과학과 문화는 이제 별개의 독립된 분야가 아닌 상호 교류하는 분야가 되고 있다. 과학자와 문화 · 예술 관련 종사자들이 공유할 수 있도록 해야 한다. 엑스포공원이 있고, 과학 관련 기관들이 많지만 문화 · 예술과는 왠지 거리감이 있다. 지난 몇 년 전부터 예술과 과학의 결합을 시도하는 노력들이 있지만 일반 시민들에게는 다소 생뚱맞은 느낌이 없지 않다. 전통, 예술과 과학의 접목을 소통시켜 대전이 그 어느 지역보다 문화자원이 풍부한 지역임을 알리고 콘텐츠를 개발할 필요가 있다. '과학' 이 대전을 상징하는 개념으로 자리잡고 있는 만큼 문화예술과의 접목은 단기간의 성과보다는 시간을 갖고 지속적인 관심을 갖는 것이 중요해 보인다.

6) 다문화 커뮤니티 공간에 대한 발굴 및 지원

한국 사회에서는 급증하고 있는 이주민(유학생, 이주 노동자 등)이라는 주제는 이제 아무리 외면하려 해도 부정할 수 없는 현실이 되었다. 대전 역시 그 어떤 도시보다 이주노동자, 결혼이주민, 외국 유학생 등이 많은 도시이다. 다문화 커뮤니티 공간의 실태를 파악하고 지원하여 단순 이해를 넘어 함께 살기 위한 문화적 방안을 모색할 필요가 있다. 예를 들어 음식점, 카페, 공간 등을 넘어 종교적 공간까지를 포함 한 발굴 및 상호소통을 통해 이주민과 대전시민이 함께 어울릴 수 있는 미래의 도시상을 확립할 필요가 있다. 현재 대전에 이슬람사원이 있다는 것을 알고 있는 대전 시민이 얼마나 되고 우리 지역에서 이에 대한 관심을 얼마나 갖고 있는지. 아마도 상당수의 시민들이 이에 대한 관심이 없어 보이지만, 이런 커뮤니티 공간을 통해 이주민들이 만나 자신들의 생활공간으로 활용하고 있다. 원도심은 물론 타임월드를 중심으로 한 공간, 그리고 외국인 대학생들이 많은 유성구의 궁동 같은 경우 체계적인 발굴과 지원이 요망된다.

7) 문화 담당 공무원의 지속적인 역할 기대

〈도심활성화기획단〉이 만들어지면서 원도심에 자리잡는 등 문화예술 활성화를 위한 의지를 보이고 있지만, 잦은 인사로 인한 인적 교체와 상권 활성화를 우선하는 시각이 원래의 목적을 저해하는 인상을 주고 있다. 이는 문화예술 활성화가 그때 그때 시행됨으로써 문화예술 진흥을 위한 중장기적 청사진이 마련되지 못했음을 의미한다. 잦은 인사이동에 따른 정책성 혼란을 피하면서 문화예술에 대한 장기적인 청사진과 전망을 갖춘 외부 인사, 대전을 잘 아는 인사를 임명하여 검토해 보는 것도 바람직해 보인다.[13] 〈도심활성화기획단〉을 통한 원도심 문화 활성화는 자칫 하드웨어적 요소에 치중할 수 있다는 인상을 지울 수 없다. 〈도심활성화기획단〉과 문화예술 정책을 구분하여 원도심의 문화예술 정책이 이 지역에서 단지 중구와 동구의 문제가 아닌 대전시 전체의 것이라는 비전을 분명히 제시해야 한다.

13 이 내용은 2013년 충청문화연구소 〈추계 어문학학술대회〉에서 필자가 발표한 내용에 대한 박찬인 교수(충남대학교)의 답변문을 참고하였음.

8) 대전문화재단의 역할

대전문화재단은 지난 2009년 설립 이후 대전 문화예술계에 종사하는 사람은 물론 시민들의 기대를 한몸에 안고 출범하였다. 출범 때부터 많은 논의와 토론과정을 거치면서 출범한 대전문화재단은 지역의 문화계가 그만큼 문화재단을 통한 지역의 문화정책이 제대로 역할을 했으면 하는 바램이 컸기 때문일 것이다. 5년이 지난 현재 대전의 문화예술 정책은 표면적으로는 많은 발전을 한 것처럼 보이지만, 재단이 시에서 예술인에게 지원해준 금액을 대행하는 업체가 아닌지를 우려하는 시선이 있다. 왜냐하면 대전문화재단이 대전의 문화정체성을 연구하고 이를 바람직한 발전 방향으로 발전시켜갈 수 있는 문화정책 발굴에는 상대적으로 취약성을 드러냈기 때문이다. 이런 의미에서 대전문화재단은 지역의 문화예술계를 지원하는 역할은 물론 새로운 문화정책과 문화운동의 모델까지도 제시해야 하는 책무를 갖고 있는 것이다. 현재의 예술가 지원 정책에 한정된 업무에서는 또 다른 예술가들의 저단 줄세우기 라는 인상을 줄 수 있어 이런 우려를 불식시킬 수 있는 재단 내의 노력도 중요해 보인다.

외형적 규모가 커졌다고 재단의 역할이 순기능을 하고 있다고 생각하면 오산이다. 대전시 또한 재단이 하는 일에 있어 감시보다 격려의 자세로 독립성을 최대한 부여하여 재단이 독자적인 정책 수립을 할 수 있는 여건을 만들어 줄 필요가 있다. 그렇지 않다면 여전히 재단은 시의 눈치를 살펴보며, 주어진 재정을 갖고 그게 맞춰 돈만 배분해 주는 형식이 될 것이다. 민선 6기 대전의 문화예술정책의 틀이 많이 변경될 것 같다. 이에 맞춰 재단도 외형적 확장 보다 내실화 및 대전의 정체성 찾기와 정책 개발을 경주할 때이다.

문화는 한 순간, 한 시기, 한 사람에 의해 만들어지지 않는다. 역사를 통해 서서히 삶의 모습과 사람들의 숨결이 장소에 녹아들어 만들어지기 때문이다. 그렇게 만들어진 문화는 도시의 흔적이 되고 문화적 향취를 느끼게 하며 지역민의 자긍심이 된다. '역사성'과 '장소성'이 그 어느 때보다 중요한 이유이다. 새로 단체장들이 바뀔 때마다 쏟아내는 공약, 새롭게 무엇인가를 만들겠다는 의지가 필요하기도 하지만, 기존의 자원을 발굴하여 정리하고 최대한 활용해 재창조하는 일 또한 문화도시 대전을 만들어가는 데 있어 중요하다. 민선 6기에서는 문화정책과 관련 5% 투자를 분명히 하고 있다. 적은 액수가 아니다. 이 액수가 그대로 문화예술 정책에 투여되어 시민들이 향유할 수 있는 문화체감 지수를 늘이는 일에 투자된다면, 그 이상 바랄 것이 없다. 하지만 이 투자 예산이 단순히 하드웨어 건립에 들어가는 비용이라면 내용은 달라진다. 적어도 일상의 많은 시민들이 문화를 향유하고 즐길 수 있고, 문화복지와 관련한 예산 등이 증액되어야 할 것이다.

한국의 대부분 도시들이 그렇듯이 대전도 인구 정체 현상을 보이고 있다. 도심 또한 외형적인 확장보다는 내실을 기하면서 문화예술을 통한 도심 재생을 추구하고 있는 것이 현실이다. 인구 정체, 성장 정체의 대전 모습을 보면서 인구 증가에 따른 대규모 기반 시설 확충, 외형적으로 그럴싸하게 보이는 공간 설립 보다 도심 전체에 사람들의 향취가 묻어나고 재미있는 공간을 만들고 서로 연계시키면 얼마나 좋을까? 그런 문화정책을 하는 도시에서 시민들의 상상력은 꽃을 피우고, 흔히 말하는 창조적인 문화도시 대전을 생각할 수 있을 것이다. 문화정책에 대한 체계적인 로드맵을 그리는 일이 얼마나 중요한 일인지를 생각하게 한다.

참고자료

이희준,《대전의 근대 마을 -소제동 지역을 중심으로》, 대전문화연대 2012년 대전바로알기 강의록, 2012.

임기대,「세종 배후도시로서 대전의 문화관광분야의 역할과 과제」, 한밭대학교부설 도시환경연구소, 2011.

임기대 외,『대전 원도심 활성화를 위한 문화자원 네트워크 구축 컨설팅』, 대전광역시/문화관광부, 2008

임기대 외,『이야기가 있는 원도심 I, II, III』, 대전광역시/문화관광부, 2009.

전창곤,「중구 문화거리 활성화 어떻게 할 것인가?」, 대전발전연구원 중구 정책협력단, 2014.

찰스 랜드리,「창조도시」, 임상오 역, 도서출판 해남, 2005.

「주제가 있는 시민토론회 : 원도심 활성화 방안 그 해법은 무엇인가」, 대전문화연대, 2012.

「주제가 있는 시민토론회 : 충남도청 터 어떻게 활용할 것인가」, 대전문화연대, 2010.

「주제가 있는 시민토론회 : 스카이로드 출구전략은 없는가」, 대전문화연대, 2014.

『대전시 문화예술을 위한 정책개발 연구 보고서』, 대전발전연구원, 2009.

『2014년 한밭문화제 모니터링 자료집』, 대전문화연대,

《2013년 유엔 세계관광기구(UNWTO) 보고서》

‖ 대전 원도심, 문화예술의 개성을 찾아 나서다 ‖

대전 〈원도심〉 문화로서의 음식 공간

임기대(대전문화연대 공동대표, 한국외국어대학교 HK교수)

1. 들어가는 말
2. '다양성' 과 '조화' 가 스며 있는 문화 공간 〈원도심〉
3. '차이' 를 생성하는 음식점들

▌ 대전 원도심, 문화예술의 개성을 찾아 나서다 ▌ **05**

대전 〈원도심〉 문화로서의 음식 공간*

임기대(대전문화연대 공동대표, 한국외국어대학교 HK교수)

1. 들어가는 말

"Dites-moi ce que tu manges, je te dirai qui tu es"

(네가 무엇을 먹는지를 말해주면 네가 누구인지 말해주겠다)

프랑스의 유명한 장-앙텔름 브리야-사바랭(Jean-Anthelme Brillat-Savarin, 1755.4.1-1826.2.2)[1]의 말이다. 그의 저서 〈미각의 생리학〉에서 사바랭은 계급 차이에서

* 이 글은 충남대학교 시민사회연구소가 주관한 〈2013 대전 원도심 문화예술의 활성화 방안 심포지움〉 (2013년 5월 29일)에서 발표한 글을 수정 보완하였음.

1 변호사 집안 출신으로 고향인 벨레에서 변호사를 개업, 1789년 프랑스혁명이 일어나자 선발되어 베르사유 헌법의회로 가게 되었다. 그 후 민사재판소 소장 · 대법원 판사를 역임하였고 또한 벨레 시장으로도 선출되었으나, 혁명정부가 자유주의자들을 제거하자 독일 · 스위스를 거쳐 미국으로 망명하였다. 1796년 다시 귀국하여 얼마 후 현(縣)재판소 판사를 거쳐 대법원 판사로 복직하였다. 한편, 미식가(美食家)였던 그는 판사로 재직하던 중에 《미각

발생하는 식탁의 불평등을 풍자하기 위해 이 문장을 사용하고 있다. 귀족은 기름진 음식을 먹고, 농민은 거칠고 하찮은 음식을 먹었던 것을 빗대려 한 것이다. 오늘날에 들어서는 이 표현이 한 나라의 문화에서 음식이 차지하고 있는 중요성을 단순하면서도 명쾌하게 표현해주는 것으로 많이 인용되곤 한다.

비슷한 맥락에서 "네가 무엇을 먹지 않는지를 말한다면 네가 누구인지 말해줄 수 있다"라는 표현을 생각해 보자. 어떤 음식이나 식재료가 어떤 나라에서는 관습 혹은 종교적인 금기 사항이 되기 때문에 이런 표현을 생각해 볼 수 있을 것 같다. 예를 들어 개고기를 먹는 한국인은 야만스럽다거나, 돼지고기를 먹지 않는 무슬림들이 다른 비무슬림들에게는 이상한 모습으로 비춰지기도 한다. 하지만 한국인의 역사와 문화, 무슬림들의 종교적 관행[2]을 이해한다면 상황은 달라질 것이다. 이렇듯 음식은 서로에게 문화에 대한 올바른 이해가 없을 때는 편견을 가질 수 있다. 편견이 심해지면 결국 차별의식이 되고 '나' 이외의 상대를 타자화시킨다.

돼지고기를 먹지 않는 무슬림들의 종교와 문화를 이해한다면 우리가 그토록 좋아하는 돼지고기를 먹지 않는 이유를 이해할 수 있다. 마찬가지로 개고기를 먹는 우리의 문화와 역사를 이해한다면, 과거 한국에서는 돼지 이외의 육류가 항상 부족한 상태였고, 낙농업을 할 수 없기에 야채를 중심으로 생활했음을 알게 되고, 개가 귀중한 단백질 공급원으로 제공되었음을 이해할 수 있다. 이처럼 어느 한 나라 혹은 한 지역의 문화를 이해한다는 것은 그 나라와 지역의 문화 및 습관을 이해하는 방법이 될 수 있다. 먹는 음식이 인류에게 가장 중요한 생존의 조건이지만, 동시에 문화적인 행위가 될 수 있기 때문이다. 개별 문화는 환경과 시대의 흐름 속에서 특유의 식습관을 발달시켜 왔다. 그에 따라 각 지역 특유의 식습관이 존재하는 것이 아닌가… 그래서 돼지고기

의 생리학 Physiologie du goût ou méditations de gastronomie transcendante, ouvrage théorique historique, et 「ordre du jour」(1825)을 저술하였다. (출처: 네이버 백과사전에서 인용함)

2 무슬림들은 돼지고기를 불결한 음식이라 해서 선지자 무함마드 시대부터 금기시하고 있다.

를 먹지 않는다거나 개고기를 먹는 행위에 대한 왜곡된 시선은 서로에 대한 부당한 편견이 있음을 전제한다.

필자가 알고 있는 몇몇 외국인 친구들은 가끔 대전의 역사와 대표적인 음식이 무엇인지를 묻곤 한다. 그럴 때 가장 먼저 혼란스러운 것이 근대 도시의 모태인 〈원도심〉을 말해줄 것인지, 진잠이나 회덕과 같은 역사적 의미를 갖고 있는 대전을 말해줄 것인지, 혹은 둔산이나 유성과 같은 신도심을 중심으로 말해줄 것인지 혼란스럽고, 그럴 때마다 대전의 정체성이 무엇인지를 고민하게 된다. 음식의 경우도 마찬가지이다. 대전을 대표하는 음식, 장소, 역사 등이 어우러져있는 곳은 매우 드물어 타지인이나 외국인들에게 설명해 주기 어려운 경우가 많다. 대전은 한국의 중심부에 위치하여 전략적으로 중요한 도시이다. 이미 일제시대부터 이런 점을 인식하여 일본인들은 대전역을 비롯하여 오늘날의 〈원도심〉을 만들었다. 그렇게 형성된 〈원도심〉은 전쟁과 함께 전국에서 찾아온 사람들로 형성되었다. 그런 가운데서 대전을 알리고 대전과 더불어 공생해 온 음식과 음식점들이 생겨난 것이다. 힘들고 어려울 때 그들은 우리의 이웃이었고, 배고픈 우리의 배를 채워 주었다. 풍요의 시대가 왔다고는 하지만 여전히 그런 음식을 그리워하고 찾는 손님들이 많다. 이런 음식과 음식점들이 대전의 대표 음식이라고 할 수는 없는가? 적어도 대전과 함께 해온 이 음식점과 음식을 오늘의 시점에서 어떻게 볼 것이며, 어떻게 재구성하여 대전의 정체성을 만들어갈 수 있는지를 고민해야 할 것 같다.

2. ‘다양성’ 과 ‘조화’ 가 스며 있는 문화 공간 〈원도심〉[3]

세계의 내로라하는 도시를 얘기할 때, 대개 ‘아름다운’, ‘호화로운’, ‘낭만적인’, ‘유서깊은’ 등의 형용사들이 많이 등장한다. 이런 내용들은 주로 관광용 가이드북에서나 많이 볼 수 있다. 한 도시에 대한 매력과 아름다움을 이야기할 때는 그 도시의 실체와 환상을 구별해서 보아야 한다. 환상을 자아내는 도시의 실체에 접근하려는 노력이 없이는 그 도시가 갖고 있는 매력과 아름다움을 설명할 수 없기 때문이다. 한 도시에 대한 환상은 아무 근거없이 만들어진 것이 아니라 그 도시의 객관적 실체 위에 만들어져 구성된다. 그냥 대충 지나가거나 들르는 도시가 아니라, 조금이라도 도시의 이미지를 음미해보기 위해서는 그 도시가 주는 아름다움이 어디에서 오는가를 분명 인식할 필요가 있다. 그런 의미에서 도시의 아름다움은 단 하나의 이유로 설명할 수는 없을 것이다.

둔산의 신도심이나 아파트 빌딩으로 뒤덮힌 곳을 정겹다거나 아름답다고 하지는 않을 것이다. 하지만 많은 사람들이 대전의 〈원도심〉에 오면 정겹고 때로는 아름답기까지 하다는 말을 한다. 그런 느낌이 드는 이유가 무엇인가에 대한 대답은 무수히 많을 수 있다. 누구나가 주관적 체험에 따른 ‘기억’ 과 ‘추억’ 이 다르기 때문이다. 그럼에도 굳이 정겹고 아름답기까지 하다는 말로 대전의 〈원도심〉을 말할 때는 ‘다양성’ 과 ‘조화’ 라는 것이 이 작은 공간에 압축되어 있기 때문인 것 같다. 우선 찾아 볼만한 가치가 있는 크고 작은 기념비적 건물과 역사적 장소들이 많다. 충남도청이나 창작문화센터, 테미도서

---

3 대전은 ‘원도심’ 관련 규정 조례를 재정한 몇 안 되는 지자체였지만 관련 조례가 2009년 폐지되고 이후 문화 · 예술 관련 조례 관련 체계적인 정책을 지원해 줄 법제 장치가 없었다. 이에 따른 원도심 중심의 문화 · 예술 정책은 부재할 수밖에 없을 것이다. 게다가 원도심에 대한 정확한 지역조차 규정되지 못한 체 이해당사자들 간에 다르게 나타나고 있다. 여기에서 ‘원도심’ 이라 함은 대전역에서 충남도청까지 근대 도시 대전을 형성했던 거리(1.1km)을 일컫는다.

관, 충남도지사 관사촌 등과 같은 〈원도심〉의 역사건물이 많다. 즉 〈원도심〉의 근대경관은 대전을 기억하는 많은 이들에게 의미있는 장소로 남아 있다. 대전이란 도시의 탄생부터 그 역사적 연원을 가장 잘 간직하고 보존하고 있는 지역인 것이다. 이런 기억의 경관들이 현대적 건물과 같이 공유되고 있는 것이 〈원도심〉만의 매력이 아닐까? 형태와 색깔이 다르고, 다양한 역사적 의미를 담고 있는 서로 다른 분위기의 건물과 장소들의 공존이 〈원도심〉을 아름답게 할 것이다. 그러나 오래된 건물과 건물들의 다양성만으로 〈원도심〉의 매력을 충분히 보여줄 수는 없다. "구슬이 서 말이라도 꿰어야 보배" 라는 말처럼 구성 요소들이 배치되고 배합되는 특별한 방식이 이곳의 매력을 더해준다. 특정 부분의 아름다움은 그것들이 이루는 다른 부분과의 관계 그리고 전체와의 관계 속에서 더욱 아름다움을 발한다. 〈원도심〉 경관은 여러 '문화공간' (문화카페, 갤러리, 화랑 등)과의 관계 맺음에서 더욱 아름다움을 발한다.

다행히도 수년 전부터 대전 원도심을 중심으로 문화 · 예술자원에 주목하여 대전 문화에 대한 여러 가지를 조명하고(근대 건축물, 문화 · 예술 창작 공간, 음식점, 문화 생산자 등) 나름의 성과도 거둬 들였다는 평가를 받고 있다. 원도심 뿐만 아니라 행정과 경제의 중요한 축이 된 신도심에는 예술의 전당, 시립미술관, 선사박물관, 역사박물관, 고암문화재단(구 이응노미술관) 등을 비롯한 문화기반시설이 꾸준히 확충되고 있다. 경제적으로만 성장하는 도시에 문화기반시설을 통해 문화 · 예술을 일상적으로 경험하도록 하고, 다양한 모습을 입혀 시민들의 정서를 풍요롭게 해 주고 있는 것이다. 게다가 지난 2009년에는 대전의 문화 · 예술 관련 정책을 가장 구체적으로 실현시킬 수 있는 〈대전문화재단〉이 출범하였고, (구) 연정국악원 위치에는 2014년 하반기에는 〈대전문화 · 예술센터〉가 들어설 예정으로 그 문화적 지평은 꾸준히 확장될 전망이다.

〈원도심〉 전체를 이루고 있는 부분들이 서로 서로 어울리고 서로를 빛나게 해주는 방식으로 관계를 잘 맺고 있는 여러 가지 중에서도 또 다른 하나가 있는데 바로 '음식점' 이다. 세계의 어느 도시를 가도 유명한 건축물과 박물관이나 미술관을 비롯한 유명한 문화 공간 주변에 반드시 따라다니는 것이 바로 유명 음식점이다. 특히 유럽의 경우 음식점에 해당하는 레스토랑이나 카페, 카바레, 살롱 등이 도로가 생기면서 나타났다는 것, 이런 것이 유명 건축물이나 박물관 혹은 미술관과 근접한 지역에 있다는 것은 이 3가지가 절묘하게 전체적 조화의 아름다움과 매력을 도심에서 이루기 때문일 것이다. 이런 점에서 음식점은 단순히 밥 한끼를 채우는 그런 공간이 아닌 다른 문화적 공간과의 배치 속에서 형성된 공간일 수가 있다.

3. '차이' 를 생성하는 음식점들

〈원도심〉의 음식점들은 급변하는 현대사회에서 쉽게 접할 수 없는 먹거리에 눈을 돌리게 한다. 최소 수십 년 이상의 대를 이어가며 고집스럽게 하나의 맛을 고집해 온 손맛과 음식에 다양한 이야기를 담고 있는 시장과 골목길의 조화는 분명 순간적인 맛과 획일화된 맛에 길들이는 다른 장소의(패스트푸드를 포함 한) 다른 음식점들과는 차별된다. 고급스런 분위기는 아니지만 상품화와 자본화, 획일화로 특징되는 현대 자본주의 사회에서 사람 냄새를 물씬 풍기게 하는 그런 곳, 〈원도심〉의 음식점 풍경이다.[4]

불과 5년 전만 해도 문을 닫거나 적자에 허덕였던 〈원도심〉의 음식점들이 문화예술지역으로 각광을 받으면서 많은 사람들이 이곳을 찾고 점심과 저녁, 때로는 술 한잔에 새로운 추억을 만들어간다. 그에 따라 최근에 많은 음식점들이 새로이 생겨나고, 그런 집에서 새로운 맛을 발견할 수가 있다. 그렇지만

4 역사가 오래 되지 않았지만 최근 원도심의 음식점은 새롭게 선보인 곳이 여럿된다. 이들 음식점도 나름의 맛을 뽐내지만 여기에서의 기준에 부합되지 않기에 다음 기회에 소개하고자 한다.

다른 지역과 달리 이 지역은 대전의 〈원도심〉이 갖고 있는 역사성과 지역성을 담보한 문화적 공간으로의 음식점들이 존재하여 단지 음식을 먹는 공간을 넘어 기억과 역사를 공유하는 추억의 문화공간으로 자리한 점이 매력적이다. 시대에 따라 맛은 조금 달라지었을지언정 그 역사는 여전히 그대로 남아 있다.

지난 2009년 〈이야기가 있는 〈원도심〉 문화지도〉 제작을 했다. 대전에서 최초로 제작한 일이었지만, 이를 계기로 이후 이곳의 여러 문화지도들이 제작되고 배포가 되었다. 크게 변하지 않았기에 그 당시 선정했던 기준을 토대로 〈원도심〉의 음식점들을 생각해 보고자 한다. 지도 제작을 위해 대전의 숨은 곳에서 만나게 되는 음식과 특산물, 그리고 그것에 얽혀 있는 역사와 기억 등을 되살릴 수 있는 〈원도심〉의 음식점을 찾아내야 했다. 이런 모습의 〈원도심〉 음식점을 담아내기 위해서는 무엇보다 객관적인 기준 설정이 필요했다. 〈이야기가 있는 원도심 문화지도〉 작업을 수행한 충남대 컨설팅팀의 공동연구원이었던 필자는 20개의 음식점을 선별했다. 선별된 음식점이 모두 맛이 있다고 할 수 있는 곳은 아니다. 세월과 함께 맛이 변하고, 상업주의에 편승한 그런 곳도 있지만, 그래도 대개 초창기의 맛을 그대로 유지하려고 애쓰는 곳이다. 무엇보다 대전의 역사와 함께 그 장소에 늘 있어왔다는 사실이 매력적이었다. 이런 점을 감안하면서 음식점을 선정하였는데, 선별한 기준은 다음과 같다.

첫째, 선별한 음식점은 20세기 들어 근대도시로 성장한 대전의 모습과 그 맥을 같이 한 곳이다. 이 업소들은 주요 공공기관들의 둔산 이전에도 불구하고 계속 〈원도심〉에서 일관되게 영업하고 있다. 그런 업소들은 〈원도심〉에 남아 있는 건축물, 화랑거리와 더불어 〈원도심〉의 뒷골목에서 〈원도심〉의 특색을 잘 보존하며 살려 주고 있는 곳이다.

둘째, 최소 20년 이상을 영업하면서, 한 가정에서 대물림을 해오거나 친지나 혹은 같이 일했던 지인에게 인수인계하여 음식과 맛을 창업 초기와 거의 일관되게 유지하고 있는 곳을 선별했다. 선정기준을 정한 후 조사 과정에서 담은 내용이 있다. 소개 내용은 일관성을 유지하는 것이 중요한데, 소개 내용들을 보면 다음과 같다.

첫째, 개업 시기는 물론 개업 동기, 선택된 업소의 주요 음식물과 재료, 만드는 간략한 비법, 기타 주요 고객층의 분포 등을 담아내고자 했다.

둘째, 〈원도심〉에 대해 음식업소 업주들이 갖고 있는 희망 사항과 그들의 〈원도심〉에 대한 애정 등을 담아 보았다. 20개의 업소를 선택했지만, 〈원도심〉에 남아 있는 오랜 음식업소들은 그 이상이 된다. 하지만 조사를 하는 과정에서 굳이 문화지도 제작 참여에 난색을 표명하는 업소들이 있었고, 그런 어려움으로 여기에 채택되지 못한 몇몇 업소들이 있다. 이렇게 문화지도 제작을 위해 선정한 음식점을 6 · 25전쟁기, 1960년대기, 1970~80년대 젊은이들이 이용한 곳, 단일 품목으로만 유지하고 있는 곳으로 구분해 보았다. 아래 도표에서 제시한 음식점 목록은 품목, 음식점명, 위치, 운영기간, 그리고 현재 음식점을 운영하고 있는 운영자 순으로 정리한 것이다.

■ 초창기의 음식점들

'추억' 과 '기억' 으로 점철되는 〈원도심〉의 음식점이 본격적으로 형성된 것은 1950년 6 · 25전쟁이 발발하면서 많은 이북인들이 대전에 터를 잡으면서이다. 아래 도표에서도 볼 수 있듯이, 〈원도심〉에서 가장 오래된 식당 중 하나가 〈백천순대〉이다. 이후 〈개천식당〉이 들어서면서 이북민들을 대상으로 영업을 하고, 이북의 맛으로 많은 손님들을 끌어 모으고 현재까지도 그 맛을 유지하고 있다. 지금도 상인과 이북 출신의 실향민들이 많이 찾고 있다. 이들 식당은 중앙시장에 자리하고 있다. 중앙시장에 위치하지 않지만 대전의 가장 오래된 음식점 중 하나인 〈사리원 면옥〉 또한 잘 알려져 있듯이, 창업주가 이북 출신이다. 6 · 25전쟁이 일어나면서 황해도 제령 출신의 창업주가 중앙시장이 아닌 대흥동에 뿌리를 내리게 된 것이다. 최근에는 예전의 맛과 많이 달라졌다고 하는 사람들이 늘고 있지만, 여전히 많은 손님들이 찾고 있다.

음식점명	품목	위치	운영기간	운영자
사리원면옥	냉면	대흥동 (대전여중 옆)	64년 (1950년 남하)	창업자 3대 조카 송기복 사장 (54세)
개천식당	만둣국 및 냉면	중동 (구 대전백화점 뒤)	69년 (6 · 25전쟁 시 월남)	창업자 2대 딸 동업인 송춘자 사장 (60세)
백천순대	순대	중동 (중앙시장 먹자 골목 내)	64년 (6 · 25전쟁 시 월남)	창업자 딸 윤미숙 사장 (59세)

■ 음식의 다변화 시기 1960년대

6 · 25전쟁 이후 대전 〈원도심〉은 상권이 좀 더 활발해지고, 상업적 공간 또한 중앙시장과 목척교를 넘어 은행동 및 선화동까지 확대된다. 근대도시로서 대전의 행정구역과 사람들의 삶의 공간적 범위가 확장되면서 음식점의 종류도 다변화된다. 전쟁을 전후하여 냉면과 만둣국 등이 많이 일반적이었다면 1960년대 이후에는 대전에서만 볼 수 있는 '두부두루치기' 와 같은 음식이 등장한다. '두부두루치기' 라는 말은 손님들이 음식점에 들러 두부에 각종 재료를 들러쳐서 혹은 메어쳐서 가져오라는 말을 '두루치기' 라는 말로 통일해서 사용하기 시작하면서 일반화되었다고 한다. 이북 출신은 아니지만 대전이 제법 큰 도시로 확장되고, 산업화의 여파로 이농현상이 시작되면서 도시에 정착하는 인구가 증가하였다. 이들이 대전에 정착하여 일하거나, 결혼해서 식당을 운영하는 경우가 생겨났다. (구) 대전 극장 골목길의 〈소나무집〉이 대표적인데, 이곳은 지금까지 음식 재료를 우리 지역에서 생산되는 제품으로만

사용하고 있다. 맛이 달지 않아 웰빙 음식으로 각광을 받고 있다.

〈성심당〉과 〈희락반점〉은 새로운 종류로 〈원도심〉의 또 다른 구역에서 오늘날 대전을 대표하는 음식점으로 성장하였다. 대전을 대표하는 제과점 〈성심당〉 창업주는 1 · 4 후퇴 때 내려와 거제도와 진해를 거쳐 1956년 대전에 정착하였다. 원래 대전역 앞에서 작은 〈찐빵집〉으로 시작하여 1960년대 현재의 자리로 이전하여 중앙시장과 대흥동을 잇는 가교 역할을 했고, 〈원도심〉 상권 확장과 활성화에 많은 기여를 한다. 이후 세대마다 이어지는 히트 상품 (튀김소보로, 팥빙수, 케익, 스파게티 등)으로 대전 사람들에게 잊혀지지 않는 명소로 자리하고 있다. 특히 튀김 소보로의 경우 대전역에서 판매되고 있어 과거 대전역에서 기차에 오르기 전 먹던 국수를 대신하고 있다. 대전에서는 최초로 미슐랭 가이드에 소개된 음식점으로 선정되기도 했다.

〈희락반점〉은 창업주가 6 · 25전쟁 당시 부산으로 피란했다가 서울로 올라가는 와중에 대전에 정착하여 개업한 〈원도심〉의 대표적인 중국 음식점이다. 현재의 선화동 위치에 처음 들어올 때 당시의 선화동은 논밭이 대부분이었다. 〈희락반점〉이 현 구역에서 두 번째로 들어선 건물이라고 하니 선화동이 어떤 지역이었는지를 실감할 수 있다. 〈희락반점〉 창업주는 유명한 대흥동의 〈극동반점〉을 같이 운영했는데, 현재는 없어진 상태이다.

음식점명	품목	위치	운영기간	운영자
성심당	제과제빵	은행동	58년	창업자 아들 임영진 사장 (60세)
신도칼국수	칼국수 및 수육	정동 (대전역 앞)	57년	창업자 조카며느리 홍애숙 사장
진로집	두부두루치기	대흥동 (대전여중 앞)	53년	창업자 딸 남임순 사장 (67세)

소나무집	(오징어)칼국수	대흥동 (구 대전극장 통)	52년	창업자 윤순옥 사장 (75세)
희락반점	자장면 외 중국 음식	선화동 (선화동 우체국 옆)	51년	창업자 아들 장술두 사장 (55세)

■ 대학생과 젊은 직장인들이 즐겨 찾던 곳

지난 1970년대와 1980년대 대전의 중심가는 단연 〈원도심〉이었다. 이전과는 달리 젊은 대학생들과 직장인들은 중앙시장 일대는 물론 현재의 인쇄골목 근처, 선화동, 대흥동, 그리고 가장 많이 찾던 은행동을 두루 찾아다니며 모임과 만남을 가졌다. 이 시기에 젊은 시절을 보낸 사람들은 지금도 당시의 추억을 간직하고 대전에 있든, 타지에 있든 간에 옛 추억을 찾아 〈원도심〉을 찾는 사람들이 많다. 허름한 뒷골목에 위치해 있지만 맛만큼은 지금도 변함이 없다. 두부두루치기와 칼국수 집들이 유명해서 4-50대 중년들이 많이 찾는 편이며, 그들의 가족들과 추억 영행을 하는 곳이기도 하다. '닭도리탕' (현재는 '닭볶음탕' 이라고 많이 불린다) 음식점은 중년층보다 젊은층 손님들이 많은 게 특징이다. 중앙시장의 좌판순대처럼 길에서 막걸리 한잔을 곁들여 편히 먹던 일도 추억의 일부가 되었다.

음식점명	품목	위치	운영기간	운영자
별난집	두부두루치기	정동 (구 한밭식당 옆)	40년	창업자 아들 황호진 사장 (31세)
광천식당	두부두루치기	선화동 (선화우체국 뒷편)	38년	창업자 김경남 사장 (66세)

대선칼국수	칼국수와 수육	대흥동 (대흥동 공원 앞)	45년	창업자 지인 사장 이경숙 (56세)
정식당	닭도리탕	대흥동 (대흥동 성당 뒷골목)	31년	지배인 이경순 (39세)
좌판순대	순대	중동 (중앙시장 먹자골목)	44년	금순조 사장 (66세)외
할머니식당	부대찌개 및 닭도리탕	은행동 (으능정이 거리 뒷골목)	33년	창업자 며느리 태순옥 사장 (58세)

■ 단일 품목으로만 그 명성을 잇고 있는 음식점

어떤 한 품목으로 그 분야에서 몇 십 년의 전통을 유지한다는 것은 참으로 어려운 일이다. 위에서 언급한 음식업소들도 한 분야에서 나름의 전통을 갖고 있지만, 아래에서 제시한 음식점들은 오직 한 가지 음식만을 지금까지 고수하고 있다. 대개 30년에서 40년 이상의 전통을 유지하는 음식점으로 만두와 삼계탕, 육개장, 콩나물밥 등이 있다. 흔히 볼 수 있는 메뉴이고, 신도심에서 더 쉽게 볼 수 있는 메뉴이다. 이런 음식점의 특징은 맛이 없다 싶으면 채 몇 달을 버티지 못하고 사라질 수 있지만, 맛있다… 라는 입소문이 나면 줄을 서서 기다려야 먹을 수 있다. 특히 〈인동만두〉를 빼고는 점심식사 시간인 12시가 되면 재빨리 가야 그나마 줄을 서지 않고 먹을 수 있는 맛 집들이다. 이 중에서도 〈명랑식당〉(09시-15시)과 〈왕관식당〉(12시-14시)은 한정된 시간에만 영업하여 음식을 제공하는데 더욱 정성을 쏟는다고 한다. 만두와, 삼계탕, 육개장 등을 좋아한다면 꼭 한번 추천하고 싶은 음식점이다. 〈명랑식당〉의 경우 월평동에 분점을 세웠다.

음식점명	품목	위치	운영기간	운영자
인동만두	왕만두 및 기타 만두	인동 (인동시장 내)	45년	창업자 지인 두창엽 사장 (53세)
동성삼계탕	삼계탕	대흥동 (대전여중 옆)	32년	창업자 아들 김영선 사장 (52세)
명랑식당	육개장	삼성동 (구 삼성초등학교 옆)	44년	창업자 석기숙 사장 (81세)
왕관식당	콩나물밥	중동 (선화교와 인쇄 골목 사이)	34년	창업자 며느리 김영옥 사장 (60세)

■ 누가 뭐라 해도 〈원도심〉에 있으리라

대전이 확장되고, 둔산으로 모든 공공기관이 빠져나갈 때 한결같이 현 위치에서 영업을 고수했던 음식점이 있다. 바로 〈신성아구찜〉과 〈홍미냉면〉이다. 〈신성아구찜〉은 선화동에 있기 때문에 80년대에는 시청과 도청 공무원들이 단골로 이용했던 곳이다. 둔산 신도심으로 인한 타격도 있었고, 공무원들 또한 분점이나 이전을 건의했지만, 지금까지 현 장소에서 꾸준히 명맥을 유지하고 있다. 음식 맛으로 승부하기에 신도심 지역민들이나 예전의 〈원도심〉에서 근무한 사람들이 많이 찾고 있다. 최근에는 젊은 여성들이 많이 찾는 곳으로도 유명하다. 무엇보다 사장님 부부의 마음이 넉넉하여 푸짐하게 먹을 수 있고, 아들에게 가업을 이어가게 하고 있다.

〈홍미냉면〉의 경우는 사실 냉면 전문집은 아니다. 오히려 '면'으로 냉면을 비롯한 각종 음식을 하는 음식점이다. 창업주 양현상 사장은 중앙시장의 현 식당 자리에서 태어나 성장하고, 일하면서 가정을 이루고, 결국 '홍미냉면'을 창업하기에 이르렀다고 한다. 그래서인지 〈원도심〉이 위축되었을 때도 단한 번도 자신의 지역을 떠날 생각을 갖고 있지 않았다고 한다. 이곳에서 음식 주문은 곱배기를 별도로 할 필요가 없을 정도로 푸짐한 양이 제공된다.

음식점명	품목	위치	운영기간	운영자
신성아구찜	아구찜	선화동 (동양갤러리라 외부 주차장 앞)	34년	창업자 김종산 사장 (60세)
흥미냉면	냉면 및 국수류	중동 (중앙시장 먹자 골목 내)	34년	창업자 양현상 사장 (62세)

소개된 음식점 주소	
1. 진로집 주소 : 대전 중구 대흥동 341-1	2. 별난집 주소 : 대전 동구 중동 60-4
3. 광천식당 주소 : 대전 중구 선화동 52-2	4. 신도칼국수 주소 : 대전 동구 정동 30-16
5. 소나무집 주소 : 대전 중구 대흥동 2-7	6. 대선칼국수 주소 : 대전 중구 대흥동 163-1
7. 정식당 주소 : 대전 중구 대흥동 216-7	8. 동성삼계탕 주소 : 대전 중구 대흥동 188-8
9. 사리원면옥 주소 : 대전 중구 대흥동 188-5	10. 흥미냉면 주소 : 대전 동구 중동 82-20
11. 개천식당 주소 : 대전 동구 원동 62-1	12. 인동만두 주소 : 대전 동구 인동 54-6
13. 백천순대 주소 : 대전 동구 중동 318	14. 중앙시장 좌판순대 주소 : 홍명상가 자리 뒤편 중앙 시장내 먹자골목
15. 할머니집 주소 : 대전 중구 은행동 169-10	16. 명랑식당 주소 : 대전 동구 삼성동 270-17
17. 신성아구찜 주소 : 대전 중구 선화동 32-6	18. 왕관식당 주소 : 대전 동구 중동 3-30
19. 희락반점 주소 : 대전 중구 선화동 36	20. 성심당 주소 : 대전 중구 은행동 145

4. 나가면서

〈도심활성화기획단〉이 만들어지면서 원도심 활성화를 위해 여러 기관들이 원도심에 자리잡는 등 문화예술 활성화를 위한 의지를 보이고 있다. 민선 6기에서도 원도심 활성화를 맡을 중추 기관으로 자리할 것으로 보인다. 하지만, 잦은 인사로 인한 인적 교체와 상권 활성화를 우선하는 시각이 원래의 목적을 저해하는 인상을 주고 있다. 이는 문화예술 활성화가 그때그때 시행됨으로써 문화예술 진흥을 위한 중장기적 청사진이 마련되지 못했음을 의미한다. 시민대학이 도청에 자리했지만, 원도심 상권 활성화와는 거리가 먼 얘기가 된지 오래이다. 늘 즉흥적인 정책과 비전없고 구체적이지 않은 정책이 문제이기 때문이다. 시민대학에 사람들이 오면 원도심의 음식점에서 소비를 할 것으로 예측했지만 실제 원도심 상권은 갈수록 어렵다는 얘기가 많다.

'문화' 라는 차원에서 원도심 활성화를 논하며 늘 누락되는 것은 음식점이다. 원도심 음식점은 단순히 먹는 공간이 아닌 대전의 역사와 같이 살아 숨 쉰 장소이다. 그곳에는 일제의 식민지배, 6 · 25전쟁, 한국의 근대 산업사회의 흔적이 녹아난 곳이다. 그래서 대전 원도심의 음식점은 단순한 업소가 아닌 역사적 기억을 고스란히 간직하고 있는 문화적 공간이 될 수 있다. 이런 의미에서 인식의 전환, 사고 발상의 전환은 매우 중요해 보인다. 문화는 한 순간, 한 시기, 한 사람에 의해 만들어지지 않는다. 역사를 통해 서서히 삶의 모습과 사람들의 숨결이 장소에 녹아들어 만들어지기 때문이다. 그렇게 만들어진 문화는 도시의 흔적이 되고 문화적 향취를 느끼게 하며 지역민의 자긍심이 된다. '역사성' 과 '장소성' 이 그 어느 때보다 중요한 이유이다. 새로 단체장들이 바뀔 때마다 쏟아내는 공약, 새롭게 무엇인가를 만들겠다는 의지가 필요하기도 하지만 기존의 자원을 발굴하여 정리하고 최대한 활용해 재창조하는 일 또한 문화도시 대전을 만들어가는 데 있어 중요하다. 그런 의미에서 원도심이란 공간에서의 음식점이 갖는 의미는 남다를 수 있을 것이다.

한국의 대부분 도시들이 그렇듯이 대전도 인구 정체 현상을 보이고 있다. 이런 대전의 모습을 보면서 인구 증가에 따른 대규모 기반 시설 확충, 외형적으로 그럴싸하게 보이는 공간 설립 보다 도심 전체에 사람들의 향취가 묻어나고 재미있고 의미있는 공간을 만들고 서로 연계시키면 얼마나 좋을까. 그런 문화정책을 하는 도시에서 시민들의 상상력은 꽃을 피우고, 흔히 말하는 창조적인 문화도시 대전, 맛갈나는 도시 대전을 생각할 수 있을 것이다.

참고문헌

임기대,「세종 배후도시로서 대전의 문화관광분야의 역할과 과제」, 한밭대학교부설 도시환경연구소, 2011.

임기대 외,『대전 원도심 활성화를 위한 문화자원 네트워크 구축 컨설팅』, 대전광역시/문화관광부, 2008

임기대 외,『이야기가 있는 원도심 I, II, III』, 대전광역시/문화관광부, 2009.

챨스 랜드리,「창조도시」, 임상오 역, 도서출판 해남, 2005.

「주제가 있는 시민토론회 : 원도심 활성화 방안 그 해법은 무엇인가」, 대전문화연대, 2012.

06

예술, 도시경쟁력을 키우는 마지막 키워드

김민기(대전시립미술관 학예연구사)

1. 사통팔달[四通八達]의 도시, 대전
2. 다시 조명 받는 원도심, 그 역동의 현장
3. 도시의 숨, 열린미술관
4. 프로젝트 대전 2012 : 원도심 프로젝트
5. 발상의 전환, 도시공동체 속의 레지던스
6. 예술, 도시 정체성을 찾는 마지막 키워드

‖ 대전 원도심, 문화예술의 개성을 찾아 나서다 ‖

06

예술, 도시경쟁력을 키우는 마지막 키워드

김민지(대전시립미술관 학예연구사)

1. 사통팔달[四通八達]의 도시, 대전

대전은 1904년 경부선, 1914년 호남선이 개통되면서 대전은 급속도로 발견하게 되고 1932년 충남도청의 이전으로 명실상부 중부권 최대의 행정, 교통의 중심지로 급부상한 도시이다. 그 당시 대전역의 주변인 중동, 정동, 원동은 주로 일본인들이 거주하는 지역이었고 그 다음으로 대흥동과 선화동, 삼성동, 문창동 일대는 한국인들이 거주하였다. 그 중에서도 대흥동은 1932년 개청한 도청 앞 장소로서 상업지역으로 활기를 띄게 되고 대흥동을 중심으로 문화가 시작되었다. 그리고 1960~ 70년대에 다양한 화랑이 생기면서 대전의 문화1번지 거리가 조성되고 다양한 예술인들이 모여 살게 된 곳이 바로 대흥동이다.

하지만 1993년 대전엑스포 개최와 더불어 둔산 신도시가 형성되고 많은 사람들이 삶의 터전을 그 곳으로 옮겨가게 되고 그에 따라 원도심은 쇄락의 길을 걷게 되었다. 하지만 이런 사회적인 상황 속에서 많은 사람들이 대흥동의 정체성에 대한 오랜 시간동안 많은 논의들이 있었는데 그 것은 바로 과거와 현재가 공존하는 공간, 단순한 논리로 규명하기보다 그 동안 그 곳에서 살아온 (원)주민들의 삶의 터전을 바탕으로 새로운 문화를 만들어가는 것이 가장 중요하는 생각이 지배적이었다. 그래서인지 대흥동은 세월을 지켜 온 그 시간만큼 사람들의 기억 속에 다양한 추억으로 간직되어 온 곳이며 이제는 대전을 이야기 할 때 빠져서는 안 될 가장 매력적인 장소이다.

대흥동의 아침은 조용하다. 전날 새벽까지의 시끌벅적함과 밤새 화려하게 춤추었던 네온과 간판은 아침 햇살의 등장에 점점 모습을 감추고 하나 둘씩 자신들의 보금자리로 떠난 거리는 한가롭기까지 하다. 그리고 쓰레기봉투를 뒤지는 고양이와 청소부들과의 작은 마찰뿐… 도시는 언제 그랬냐는 듯이 조용하고 평온하기까지 하다. 이것이 대흥동의 또 다른 모습이다. 이런 대흥동을 주목해야 할 부분은 오래전부터 그 속에 바로 사람이 있다는 것이다. '대전의 문화1번지' 라는 대흥동에서 많은 사람들이 식당에 모여 점심을 먹거나 저녁에 술을 벗 삼아 인생을 이야기하고 하루의 피곤함을 달래는 장소로서 대흥동을 만들어간다는 것은 어찌 보면 대흥동 사람들이 있었기에 가능한 일이며 대흥동이 존재하는 이유이기도 하다. 또한 앞으로 대흥동문화를 만들어갈 값진 밑거름이기도 하다.

최근 들어 대흥동에 작은 바람이 불기 시작하고 있다. 오랫동안 거리를 다녔어도 그동안 발견하지 못했던 건물 뒤에 숨겨진 오래된 개인주택을 개조해 카페, 문화공간들이 속속 등장을 하고 있으며 상업적인 공간이기는 하나 나름의 문화적인 철학을 갖고 주민들과 함께하는 연주회나 공연, 시낭송과 같은 소규모의 다채로운 프로그램을 진행하고 있으며 예전에는 꿈도 꾸지 못했던 대흥동만의 자생적인 문화가 꿈틀거리고 있다. 이제 도시의 문화는 단순하게 보여주기 식의 문화가 아닌 참여하는 문화, 즐기는 문화로 삶의 일부분으로 깊숙이 들어오고 있으며 그 만큼 문화를 향유하는 방문객들이 속성이 바뀌고 있음을 의미한다. 이런 도시의 전체적인 분위기에 맞춰 새로운 형식의 도시공동체가 등장하고 있는 것을 쉽게 발견할 수 있다.

하지만 대흥동의 모든 모습들이 이처럼 더불어 사는 사회로 의미 있게 좋게만 바뀌는 것은 아니다. 대흥동의 도시풍경을 고즈넉이 지켜왔던 유서가 깊은 오래된 공간들이 하나둘씩 사라지고 자본의 논리에 의해 우후죽순처럼 생긴 빌라들이 도미노처럼 점점 대흥동을 점령해 들어오고 있다. 이름 없는 잡초의 뿌리 깊이만큼, 또는 세월을 간직해 온 담벼락의 이끼만큼 존재하는 오래된 도시풍경이 시장자본의 논리에 우후죽순처럼 세워지고 있는 빌라들에 의해 송두리째 사라지고 있는 것이 바로 대흥동의 현주소이다.

1960년대 동화극장뚝

1970년대 대종로

2010년대 대흥동

2. 다시 조명 받는 원도심, 그 역동의 현장

처음 원도심에 관심을 갖고 시작한 것은 오랫동안 운영하고 있지 않았던 '구)국립농산물품질관리원 충청지원'[1] 건물을 대전시립미술관에서 추진하는

1 1958년 배한구 선생님이 설계한 수준 높은 근대건축물로서 국립농산물품질관리원으로 사용하였다가 1999년 12월 선화동 옛 검찰청사로 사무실을 옮기면서 오랫동안 사용하지 않고 있던 건물이다. 2004년 9월에 등록문화

열린미술관 프로젝트를 진행할 때부터이다. '원도심 활성화' 라는 사회적인 이슈를 문화적으로 해결할 수 있다는 관점을 이끌어 냈으며 지난 2008년 〈대전창작센터〉로 개관할 수 있었던 계기가 되었다. 이 열린미술관 프로젝트는 '화이트큐브' 라는 정형화된 공간에서 전시하는 일반적인 형식과는 완전히 다른 전시로서 자본의 논리로 관심 밖으로 밀려난 원도심과 문화소외지역에서 좀 더 적극적으로 다가서는 프로젝트이다.

이 건물은 대전시립미술관에서 2005년 열린미술관을 개최할 당시 사회단체나 시민들이 관심 밖으로 밀려나고 있는 원도심에 대해 우려하는 목소리를 있었으며 아웃리치프로그램(Outreach Program)[2] 성격을 띤 〈열린미술관〉으로 도시, 사회, 인간 등의 상처를 치유하는 미술의 에너지를 찾아 긴 여정을 떠나게 되었다. 이 프로젝트는 공공성을 가진 대안프로젝트를 자체개발하여 도시와 미술, 시민과 함께 하는 복합문화공간으로 만들고 다양한 문화담론을 생성해야 한다는 의견이 제시되었으며 누구나 쉽게 접근할 수 있는 지리적인 조건과 대전역, 지하철, 젊은 문화의 거리, 지하상가 등 다양한 도시문화가 주변에 있어 다양한 프로그램을 전개하기에 적합한 장소로서 기대를 모았다. 그리고 이 건물을 복합문화공간으로 활용하기 위해 설계부터 미술계, 문화재계, 사회단체 등 전문가들로 구성된 자문위원회의 의견으로 수렴하고 문화재청의 심의를 거쳐 기존 건물의 형태를 최대한 살려 보존수복을 하였고, 건물을 훼손하지 않는 범위에서 리모델링하게 되었다. 〈대전창작센터〉는 복합문화센터로서 대전의 문화, 역사를 조사, 연구, 개방하는 아카이브 기능을 수행하고 도시, 건축 등 잊혀진 도시문화를 재발견하는 사업과 실험적인 전시를 통해 원도심 활성화 및 대전거리문화 회복하고 대전의 새로운 미술을 발굴하고 각

재 100호로 지정이 되면서 지금까지 보존되고 있으며 얼마 남아있지 않은 아담한 근대문화유산으로서 도시의 역사와 함께한 건물이다.

2 단체, 기관, 기업이 지역사회발전을 위해 전개하는 각종 사회공헌활동을 일컫는 말이다. 'Outreach' 라는 단어의 사전적 의미는 '손을 내밀다' 라는 뜻이다. 일반대중의 접근성을 극복하여 쉽게 다가서기 위한 미래 지향적인 프로그램으로 외국은 이미 오래전부터 문화소외지역에서 실행하고 있으며 영역을 확대하고 있는 추세이다.

종 연구기능을 강화하여 세계유수의 미술센터와 연계, 대전작가의 국제무대 진출을 확대하기 위한 공간이다.

〈대전창작센터〉는 처음에 레지던스로 계획했었다. 그러나 문화재청의 법적인 최종 해석에 따라 레지던스의 가장 중요한 부분인 입주공간의 개념을 빼고 다른 형식의 프로그램을 강화하는 운영체계로 바꿀 수밖에 없었다. 그것은 바로 '대흥동 전체를 레지던스화' 시키는 것이었다. 대흥동에서 각각의 문화활동을 펼치고 있는 문화공간과 긴밀한 공동체를 형성하고 스스로 진화하는 도시문화를 만들어가는 중심축으로 발전시키기 위해 장기적으로 진행하는 것이었다. 그렇기 위해서 개관 초부터 준비하고 진행해 온 프로젝트들이 있다. 먼저 미술계뿐만 아니라 다양한 문화매체의 정보를 수집하고 거미줄처럼 입체적인 협력체계를 구축하고 필요한 문화활동가들에게 제공하기 위한 '대전미술 114' 프로그램과 국내외에서 활동하고 있는 비평가, 큐레이터들로부터 국내외 작가지원프로그램, 현대미술정보 및 현대미술 흐름, 유학정보 및 해외미술관 정보제공 등을 자체적으로 공유하고 스터디하는 '아티스트 스터디', 그리고 일반시민들을 위한 '골라보는 미술다큐'와 '예술영화 상영' 등을 운영하였다.

대전창작센터는 현대미술의 다양한 면모를 보여주는 전시를 개최함과 동시에 지역의 고유한 문화의 좌표를 제시하기 위해 열린미술관 프로젝트를 더 과감하게 확장하는 사업을 병행하며 추진하였다. 그 과정에서 대흥동에서 활동하는 음악, 공연, 예술, 프린즈, 프리마켓 등 자생적으로 운영하고 있는 커뮤니티축제 '대흥동립만세'와 연계하여 동참하고 문화연대와 사회단체와 네트워크가 자연스럽게 형성되면서 도시 전체를 레지던스화 시키는 새로운 모델을 꿈꾸게 되었다. 이와 같이 공립기관과 민간단체가 각자의 공간에서 자발적으로 생성하는 자생문화를 서로 공유하고 공존체계를 유지하며 그 속에서 대흥동의 새로운 문화를 함께 만들어 가는 계기를 마련하였다.

창작센터 부변거리

창작센터 전경

마당 휴게공간

아티스트 스터디

가공할 미술

입체풍경

시대풍경

스팩트럼 아이즈

열린미술관 : 산책-건축과 미술

3. 도시의 숨, 열린미술관

대전시립미술관은 문화소외지역과 원도심의 미술문화 활성화를 위한 〈열린미술관〉은 2004년 대전정부청사를 시작으로 건양대학교 병원, 한밭도서관, (구)국립농산물품질관리원, 지하상가, 대흥동카페에서 다양한 전시를 개최하며 사회로부터 많은 관심을 집중시키고 있다. 〈열린미술관〉은 균형 있는 대전미술발전을 위해 시작하게 되었으며 문화수요자인 대중에게 직접 찾아가는 프로젝트로서 소극적으로 전시형태에서 벗어나 대전미술문화의 인프라구축 및 미술문화 대중화를 위해 적극적으로 참여하는 프로젝트이다. 또한 전시장이라는 고정된 공간을 벗어나 일상생활의 가까운 곳에서 일반시민과 학생, 어린이들이 미술작품을 쉽게 접할 수 있도록 계획하고 보다 더 큰 의미에 적합한 유휴공간을 찾아 지속적으로 〈열린미술관〉을 확대할 계획이다. 사회로부터 소외되고 있는 유휴공간을 전시공간으로 회복하고 많은 사람들과 미술을 같이 느끼는 자리를 마련하여 문화에 대한 인식을 바꾸고 닫혀져 있던 소통의 문을 스스로 열게 할 것이다. 그리고 누구나 쉽게 찾아 볼 수 있는 미술, 누구나 함께 느낄 수 있는 미술, 기발한 발상으로 사람들의 시선을 끄는 미술을 통해 도시의 차가운 인식의 틈을 열게 할 것이다. 그리고 같이 더불어 사는 삶의 현장에 주목하고 있는 〈열린미술관〉은 도시와 문화, 건축과 미술, 도시의 생성에 대한 과거와 미래를 모두 아우르며 새로운 페러다임을 제시하는 대안프로젝트로서 거듭나고 있다.

대흥동에서 벌어지고 있는 일련의 현상들은 하루가 다르게 도시를 변하게 하고 삶의 현장까지 바꾸고 있다. 〈열린미술관 : 대흥동블루스〉프로젝트를 추진하게 된 계기가 여기에 있다. 이 프로젝트는 도시의 생태, 환경 속에서 예술의 기능이 어디까지 가능한지? 그리고 그 의미를 어디서 찾고 다시 시작해야 할 것인지?를 진진하게 생각해 보고 접근해 보는 프로젝트이다.

대전문화 1번지 '대흥동' 은 다양한 문화가 전개되어 온 오래된 곳이다. 대전시립미술관에서는 이렇게 오래된 대흥동의 문화를 주목하고 새로운 예술적인 소통의 지점을 찾아 '원도심 활성화 아웃리치 프로젝트' 인 〈열린미술관 : 대흥동블루스〉을 2010년부터 꾸준히 개최해 왔다. 이번에 개최하는 〈도시의 숨〉展은 '대흥동블루스' 라는 주제를 갖고 처음 대전창작센터를 시작으로 산호여인숙을 거쳐 세 번째로 대흥동에서 거의 마지막으로 남은 빈집에서 열리는 〈열린미술관 : 대흥동 블루스〉프로젝트이다. 이 프로젝트는 대중에게 다가가는 기존의 다른 공공미술, 혹은 대안적인 프로젝트와는 조금 다른 성격을 띠고 있다. 그 것은 작품을 잘 보이게 하거나 포장하기 쉬운 일반적인 공간에서 관람객들에게 그냥 보고 느껴보라는 식의 단순한 소극적인 방식에서 벗어나 대중과 사회, 더 나아가 도시의 생태와 정치사회구조를 예술적인 예리한 시각으로 곰곰이 생각해 보고 접근해 보는 프로젝트이다.

그동안 진행해 온 〈열린미술관 : 대흥동블루스〉프로젝트는 말 그대로 대흥동의 역사, 시간, 장소 등 다양한 시각으로 문화적인 의미를 찾아 떠나는 도시재생 프로젝트로서 대전의 옛 모습을 간직하고 있는 공간에서 진행되어 왔다. 처음에 열린 대전창작센터는 대전의 근대화와 함께 그 자리를 묵묵히 지켜온 건물로서 이제 몇 안 남은 근대건축물의 대표적인 활용사례로 손꼽히고 있는 공간이다. 또한 두 번째로 진행한 산호여인숙도 마찬가지로 1970년대에 개업하여 10년 전까지 영업을 했던 오래된 산호여관을 새롭게 리모델링하고 2011년 8월에 대전에서는 처음으로 게스트하우스로 개업한 공간이다. 이처럼 현재 도시의 자본논리로 사람들에게서 관심 밖으로 밀려난 공간에서 젊은 예술가들과 미술을 펼치고 미처 공감하지 못했던 소통의 지점을 찾아 새롭게 시도한다는 것은 남다른 의미를 갖는다.

〈열린미술관 현황〉

장소	전시횟수	기간
국립농산물품질관리원	3회	2005년 9월 ~ 2008년 7월
대전정부청사 중앙홀	30여회	2004년 ~ 2009년
건양대학교 병원로비	1회	2005년 8월 ~ 9월
한밭도서관	4회	2006년 ~ 2013년
대전 중앙로 지하상가	1회	2007년 12월 21일 ~ 2008년 2월 24일
대흥동(카페)	1회	2009년 9월 11일 ~ 10월 2일
산호여인숙	1회	2011년 8월 22일 ~ 9월 25일

아트팜(빈집프로젝트)	1회	2012년 9월 14일 ~ 11월 18일
대전스카이로드	2회	2013년 12월 27일 ~ 2014년 1월 25일
		2014년 11월 22일 ~ 2015년 2월 8일

열린미술관 : 윈도우 미디어

열린미술관 : 게스트 게이트

열린미술관 : 대흥동블루스

열린미술관 : 화려한 외출

열린미술관 : 대흥동블루스

열린미술관 : 도시의 숨

열린미술관 : 그래피티아트

열린미술관 : 미디어스카이

4. 프로젝트 대전 2012 : 원도심 프로젝트

〈프로젝트 대전 2012 : 원도심 프로젝트〉는 다양한 조형예술분야에서 활동하는 예술가 17인을 초대하여 대전 원도심 대흥동 일대에서 '지역재생' 프로젝트를 확장된 커뮤니티아트로서 실현하고자 한다. '예술'은 '도시'를 재생하는 에너지로 사용되어 (원)주민의 사적인 삶과 공적(경제적)인 삶의 현장에 직접 투입되었다. 이에 17인의 예술가들은 주민들의 현장에서 작업하며 그들의 참여를 유도하거나, 공공장소에서 도시민의 시선과 초상 그리고 주민들의 이야기를 위트와 심도 있게 그려냈는데 이러한 과정 속에서 프로젝트는 각 장소에서 과거의 역사성과 현재의 장소성을 담아내고 나아가 미래의 경제성을 담보할 수 있도록 추진하였다. 또한 향후 다양한 문화프로젝트를 포함하는 장기적인 프로젝트로 발전시켜 대전의 생성과정과 도시개발에 따른 딜레마를 밝혀내는 기회로써 대전의 정체성을 찾는 새로운 시도였다.

대흥동은 대전의 100년이라는 시간을 간직한 곳으로 대전의 생성과 더불어 그 긴 역사의 현장이 고스란히 남겨져 있기 때문이다. 이번에 원도심프로젝트에 참여한 17명의 작가는 각자 자신들이 대흥동을 아는 범위에서 출발하였으며 자신들의 작품과 어울리는 전시공간을 섭외하고 일정기간 동안 그 속에서 거주하며 거리를 돌아다니고 (원)주민들과 대화를 나누며 새로운 커뮤니티아트, 혹은 진화된 공공미술을 선보였다. 이 작가들은 하나 같이 오랜 시간이 축적된 대흥동을 중심으로 이 지역이 갖고 있는 역사적인 특수성을 고려하여 동시대 미술적 담론으로 재해석하고 오래된 상징적인 장소와 일반 가정집을 개조해 새롭게 탈바꿈한 대중적인 문화공간에서 커뮤니티아트를 선보였다. 이번 프로젝트는 단순한 논리로 도시를 읽거나 도시생태를 이야기하기 보다는 그 속에 계속 축적되어온, 그 동안 밝혀내지 못했던 도시의 정체성을 새로운 접근방식으로 찾고 미술의 역할과 기능이 도시 속에서 어떻게 작용하고 그 의미가 무엇인지를 밝혀내기 위해 진행하였다.

최근 지역의 정체성에 대해 사회적인 관심이 집중되면서 지금까지 진행되어 온 공공미술 또한 새로운 기로에 서 있다고 해도 과언이 아니다. 그 것은 현대미술의 다양성과 더불어 대중과 소통하는 지점을 주목하고 있다고 볼 수 있는데. 그 것은 도시재생, 혹은 도시생태미술로 지역문화의 고유성을 갖는 장소에서 새로운 담론을 찾기 위한 노력들이 커뮤니티아트로 끊임없이 실현되고 있는 것을 쉽게 발견하게 된다. 그 중에서도 도시, 사회의 자본논리로 관심 밖으로 밀려나 사람의 기억 속에서 잊혀진 원도심에 대한 관심이 집중되고 있으며 도시의 생성과정과 현재에 벌어지고 있는 도시생태의 문제점을 새로운 사회관점과 다양한 문화담론으로 재해석하는 기회가 되었다.

이데 카페

산호여인숙

비돌 카페

산호다방

중교로

네스트 카페

비돌 카페

쌍암이발소

내집

5. 발상의 전환, 도시공동체 속의 레지던스

첫 번째로 가정집 2층을 개조한 대안공간 〈스페이스 ㅅㅅㅅ ㅣ〉이다. 처음 레지던스를 기획한 단계에서 가장 염려스러웠던 부분은 다름 아닌 입주 작가의 스튜디오공간이었다. 일정 기간 동안 작가들이 입주하여 작업할 수 있는 공간이 필요할 것인데 그동안 전시공간으로 사용되어왔던 한정된 공간에서 레지던스을 진행할 수 있을까라는 점이 가장 염려스러웠다. 또한 한정된 예산을 효율적으로 어떻게 운영할 것일까에 대한 고민도 상당부분 있었다고 본다. 하지만 운영자들의 생각은 달랐다. 그것은 개인별 작업실을 지원하는 가장 기본적인 레지던스의 개념을 과감히 탈피하고 마치 유목생활 속에서 방목하듯 작가들에게 각자의 경험 속에서 자신에 맞는 스타일을 찾아가도록 선택권을 준 것이다.

국내외 기관에서 운영하는 창작스튜디오들의 기본운영방침은 조금씩 다르지만 대부분 작가들과 상호간 경험을 공유하고 토론을 통해 창조적인 담론을 생산해 내는 것, 또한 다중 연계적 프로그램을 통해 작가자신만의 주제, 스타일을 구축해 가는데 커다란 조력자 역할을 하며 작업의 새로운 가능성을 타진하기 위해 도전적이고 실험할 수 있는 기회를 제공한다는 목적을 두고 있다. 그 목적에 따라 각 기관의 환경에 따라 작가를 지원, 육성하는 다양한 프로그램들이 진행되고 있지만, 그 속을 조심스럽게 들여다 보면 운영기관 위주의 프로그램 때문인지 작가의 순수한 창의성을 발휘하는 부분에 있어서 자율성이 다소 외면당하고 있다는 생각은 나 혼자만의 생각은 아닐 것이다. 하지만 작업공간이 절실히 필요한 젊은 작가들에 있어서는 그렇거라도 참여해 자신의 활동영역이나 입지를 넓혀 나갈 수박에 없는 것이 바로 현실이기도 하다. 여기에서 〈스페이스 ㅅㅅㅅㅣ〉가 진행한 레지던스에서는 모든 현대미술에 대한 거창한 담론은 없었지만 그 나름대로의 방식으로 새로운 미술을 찾기 위해 모험을 시작했다는 것, 그리고 그 길을 의심하지 않고 누구도 가보지 않은 길을 가보았다는 점은 운영자들이나 작가들에게 있어서 어떤 레지던스보다도 값진 경험이었을 것이라고 생각한다.

그동안 '스페이스 ㅅㅅㅅㅣ' 에서 4개월이라는 짧은 기간 동안 진행한 레지던스의 결과를 '닫힌 스튜디오, 텅 빈 아카이브, 그리고 없는 사무실' 로 정리해서 펼친 전시에서는 말 그대로 자율성을 배제되거나 거창하게 포장된 미술을 찾아 볼 수 없었다. 처음 입주공간인 전시실에서 6명의 입주 작가들이 서로 회의를 거쳐 입주공간을 정하고 공동체 생활을 시작했다는 대목을 보면 소극적인 방식에서 벗어나 자신의 생각을 소신껏 말하고 부족하면 부족한대로 많으면 많은 대로 솔직하게 공동체 레지던스를 참여하도록 유도한 흔적을 발견하게 된다. 이렇게 시작한 6명의 입주 작가들은 공간구조상 공동체생활을 할 수 밖에 없는 상황에서 자신들의 고유한 작품세계를 펼쳐나감과 동시에 부자연스러운 관계까지 느끼면서 소통을 시도했고 횡성의 하대리예술지구 아트플라나리아, 부산 오픈스페이스 배, 군산 창작문화공간 여인숙을 오고가는 촉박한 일정 속에서 많은 작가들과 기획자, 비평가들을 자연스럽게 만나고 그 대화 속에 방목형 커뮤니티 아트를 진행하였다.

또한, 〈스페이스 ㅅㅅㅅㅣ〉의 레지던스는 또 다른 새로운 시도가 있었는데. 그 것은 다원예술이라고 하는 실험적인 공연팀들이 색다르게 진행되었다는 점이다. 대흥동을 기반으로 활동하고 있는 '파인피플 스펜딩 나이스 홀리

데이' 와 즉흥적인 공연 퍼포먼스를 펼친 재즈 트리오 '더티블렌드' 은 미술 뿐만 아니라 다른 예술적 시각에서 접근하고 다른 분야에서 이 갈증을 어떻게 해결하고 있는지를 알 수 있었고 시각예술의 한계를 넘어 오감을 통해 참여하는 관람객, 작가, 미술계전문가들의 교류의 소통을 위한 다채로운 행사를 마련했다는 점이 크게 주목받았다. 그리고 지역주민들과 또 다른 형식으로 소통을 시도한 '대흥동립만세' 와 협력전시 '텐트 갤러리-아티스트 릴레이전이 진행되었다.

두 번째로 시도한 것은 예술인들이 편하게 머물고 그 곳에서 문화의 담론과 도시형 커뮤니티 프로그램을 기획하고 진행하고 있는 게스트하우스 〈산호여인숙〉이다. 대흥동을 자세히 살펴보면 다양한 문화들이 뒤 섞여 있는 것을 찾아 볼 수 있는데. 그 모호한 경계 속에서 상업적인 논리에 치여 관심 밖으로 밀려난 건물들이 오래된 시간만큼 그 틈새를 메우듯 조용히 지켜오고 있는 곳이 바로 산호여인숙이다. 현대식 모텔들이 들어서면서 경쟁에 밀려 쓸모없이 버려진 공간, 사람들이 빠져나가는 새벽녘에 쓸쓸이 대흥동을 지키던 산호여인숙은 서서히 사람들의 기억 속에 사라져 가고 있었다. 하지만 오히려 이런 공간이 예술가들의 눈에 띄어 십시일반 힘을 모아 게스트하우스로

변화시켰다. 이곳은 게스트들이 오랫동안 머물면서 지역커뮤니티를 진행할 수 있는 조건을 갖추고 있으며 전시에 참여하는 외부작가들 뿐만 아니라 대흥동에 모인 예술가들이 모여 밤새도록 열띤 토론의장으로도 활용되고 있는 곳이기도 하다.

이곳에서는 2012년 5개월 동안 단기간 프로젝트형 레지던스를 기획되였다. 2층은 게스트 룸으로 활용하고 1층에 있는 객실들을 레지던스 공간으로 활용하며 4명의 젊은 작가들이 대흥동의 상가와 1대1 매칭하고 상인-작가-스비자(관객)의 관계를 도시의 일상에서 찾고 문화와 예술이 지역민들에게 자연스럽게 녹아들 수 있도록 시도하였다. 이 프로젝트는 대흥동의 유흥상업지구인 대흥동, 문화예술인들의 터전 대흥동 두 성격이 함께 공존하는 지역이라는 특수성을 고려하여 두 분야의 경계 속에서 미술, 문화, 예술의 역할이 어디까지인지 실험한 것이다. 또한 〈산호여인숙〉는 '대흥동 골목투어' 와 '대흥동 문화공동체', '1+1빈집프로젝트', '문화예술 공유모임-오감' 등을 운영하며 자체적으로 다양한 커뮤니티를 시도하였다.

세 번째는 대전역 뒤에 있는 〈소제관사 42호〉이다. 이 곳은 문화체육관광부 지역문화 컨설팅 지원 사업으로 진행한 '대전근대 아카이브즈 컨설팅' 사업의 일환으로 추진된 '소제관사 42호 레지던스' 이다. '대전근대 아카이브즈 컨설팅' 사업은 대전 근대의 역사, 민속, 건축, 예술 등 다양한 분야에 해당하는 유·무형의 근대자료를 포괄적으로 아카이빙하고 이를 토대로 한 다양한 활용방안을 모색, 제시함으로써 근대 대전에서 비롯된 대전의 정체성을

재확립하고 다양한 문화예술 활동의 모티브로 제공함으로써 원도심의 활성화에 기여하는 사업이다. 이 〈소제관사 42호〉는 1930년대 일제강점기 때 지어진 철도관사건물로 목조건물로서 대전에서 지금까지 남아 있는 가장 오래된 역사의 일부분이다. 이 공간을 이 사업의 연구진들이 직접 리모델링하고 2012년 레지던스와 아카이빙센터로 운영하였다. 여기에 참여한 작가는 3명이며 각자 소제동을 바라보는 시각으로 커뮤니티 레지던스를 진행하였다. 소제사진관이라는 간판을 걸고 주민들의 사진을 찍은 인물기록 아카이빙과 시계의 태엽으로 거꾸로 돌리 듯 소제동의 일상의 풍광을 그대로 예술로 재현한 작가들의 작품을 선보였다. 또한 대전역 동광장에 위치한 철도보급창고에서 작은창고음악회 '소제동 오감' 을 산호여인숙의 문화예술공유모임 '오감' 과 공동으로 진행하였으며 '대흥동립만세' 아트프리마켓에서 '대전아카이브즈포럼, 텐트에서 말하다' 를 진행하였다.

그 이외에도 대전에 오랫동안 운영해 온 '대전판화공방' 에서는 국제판화교류 레지던스가 운영하였으며 대전문화연대에서 직접 창작스튜디오를 운영하고 있다. 그리고 최근에는 도심 속에 위치한 테미공원 안에 위치한 '대전테미도서관' 이 레지던스공간으로 활용하기 위해 준비하고 있다.

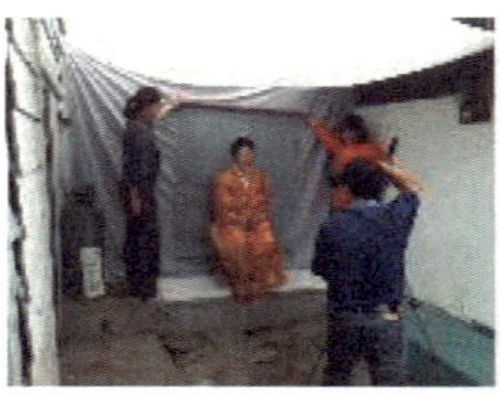

이렇듯 대전은 다양한 규모의 다양한 레지던스가 운영되고 있는 것을 살펴 볼 수가 있다. 갓 졸업한 젊은 작가들이 분식을 파는 포장마차 한구석에서 커뮤니티 아트를 하거나 공연무대에 서는 모습들은 쉽게 찾아 볼 수 있으며 낯설지 않는 풍경이 되고 있다. 그리고 앞에 말한 것과 같이 시스템이 잘 갖추어진 레지던스 보다는 도시의 틈새에서 버려진 공간을 점유하고 각자만의 프로그램을 개발하며 서로 유기적인 협력망을 통해 새로운 도시문화의 역사를 쓰고 지역문화를 생성하고 있다는 것을 알 수 있을 것이다.

여기에서 주목해야 할 부분은 레지던스의 기본적인 목적을 어떤 관점으로 바라보느냐에 따라서 프로그램이 달라진다는 것이다. 대부분 기관에서 주도하는 창작스튜디오는 크게 창작공간지원, 작가 프로모션, 전시활동, 지역연계프로그램 등으로 운영하고 있다. 그 중에서 국제교류프로그램은 상호 온라인이용을 통해 협의하고 지원내용과 규모를 정한 다음, 상호간에 작가를 교환하고 있으며 가장 기본적인 연례행사로 오픈스튜디오를 진행하고 작가들이 입주기간동안 작업성과를 공개하며 국내외 기획자, 비평가, 일반미술인 등에게 홍보하고 실질적인 창작지원을 하고 있다.

하지만 대부분 잘 구축된 시스템에서 운영되는 창작스튜디오의 프로그램에 따라 마치 자신의 브랜드를 선전하기 위해 나온 몇몇 작가들의 모습을 보면 참 안쓰럽다는 생각을 지울 수가 없었다. 레지던스가 무엇인가? 작가가 자신의 작품세계를 펼쳐나갈 지향점을 찾고 그 사고의 폭을 넓히는 길이야 말로 진정한 창작의욕을 고취시키는 지원이라고 생각하는 필자의 생각으로서는 비슷한 목적과 시스템을 갖고 있는 국내의 창작스튜디오가 젊은 작가들의 참신한 발상과 새로움을 추구하고자 하는 순수한 열정을 모호하게 길들이고 있다는 생각을 떨쳐 버릴 수가 없다. 물론 모든 프로그램이 다 그렇다는 것은 아니다. 다만 그 많은 창작스튜디오들의 시스템이 거의 비슷하다는 것이 가장 큰 문제라고 생각한다. 작품의 경향이 다양하듯이 각자 특정적인 창작스튜디오들이 한 분야 대한 전문성을 보유하고 그 시스템에 맞게 작가를 선정하고 양성하도록 독자적인 프로그램을 운영해야 한다는 것이다. 그런 의미에서 본다면 앞서 말한 바와 같이 거창하지 않지만 새로운 지점을 찾아 새롭게 시도된 대전의 레지던스을 큰 의미를 갖는다고 볼 수 있다.

작가가 더 넓은 세상을 무대로 활동하기 위해서 작품 외적으로 준비해야 할 것이 많지만, 그 보다도 먼저 선행되어야 할 것은 창작에 있어서 부족한 점을 깨우치고 스스로 진화할 수 있다는 자아성찰의 기회로 삼아야 한다는 것이다. 물론 여기에 방법적인 명쾌한 답은 없다. 하지만 국제적인 작가로 성장하기 위해, 혹은 지역작가로서 살아가기 위한 전략을 주겠다는 의도라기보다는 자신의 작품세계를 찾기 위해서는 세상을 향한 자신의 시각을 갖고 앞으로 외로운 작품세계를 펼칠 시간만큼 상당부분 우회할 수도 있다는 것을 일깨워 주는 여유로운 경험, 그 체험은 어떻게 보면 가장 단순하면서도 가장 의미 있는 일이라는 것이다. 이 부분에 있어서 레지던스의 가장 중요한 부분은 다시 한 번 생각해 볼 필요성을 느끼게 된다. 일방적인 주입식의 방식이 아니라 내 안에 숨겨진 장점을 스스로 찾아 가는 것이야 말로 진정한 레지던스의 기본취지라고 생각한다. 그것이 대안이거나 소규모이기는 하지만 새로운 움직임이 보여주었고 성공여부를 떠나서 그 것을 축으로 새로운 목표를 발견했다는 것이 가장 큰 의미일 것이다.

우리는 현재, 말 그대로 글로벌한 지구촌에 살고 있다. 물리적으로 살고 있는 지역이나 국가와 상관없이 모든 것들이 세상을 향해 열려 있다고 해도 과언이 아니다. 이것은 한편으로 누구나 잠재적으로 그 발전 가능성이 있다는 것을 의미한다. 이제 창작스튜디오가 작업을 위한 '창작지원공간' 만으로의 기능이 아닌, 창작을 위한 '교류의 장' 으로 변신하고 있는 이유이기도 하다. 물론 여기에는 시간과 정성이라는 위대한 가치를 지닌 수많은 것들이 동일 선상에서 소통하기 위한 필요조건이라고 생각하는데, 그렇다고 한다면 공간위주의 단순한 레지던스프로그램 보다는 지역마다 각기 다른 시스템으로 운영되고 있는 대안적인 레지던스 공간들이 각자 구축해 온 네트워크를 서로 연결하고 상호공유하며 기존 창작스튜디오들이 찾지 못한 미술을 발견하고 소통의 라인들을 다양하게 연결해 가는 것이 바람직하다고 생각한다. 그것은 앞으로 다양성을 확보하기 위해서는 차원이 다른 시스템으로 예술의 깊이와 폭을 넓히는 일이야 말로 이 시대가 갈망하는 진정한 창작지원이지 않을까라는 생각을 하기 때문이다. 자칫 무미건조해 질 수 있는 레지던스의 근본적인 해결책을 단순한 논리로 창작스튜디오만 건립한다고 되는 일이 아니라 보며, 그동안 운영해 온 시스템과 성과를 꼼꼼히 살펴보고 그 성과가 현대미술뿐만 아니라 지역문화에 미치는 영향이 무엇인지를 다시 한 번 실효성을 따져보고 가급적이면 그 지역의 토양에 맞는 다채로운 프로그램들이 개발되었으면 하는 바람이다.

6. 예술, 도시 정체성을 찾는 마지막 키워드

최근 지역미술은 그 지역의 고유한 미술을 고답적인 형식에 그치지 않고 새로운 아이콘으로 양적 질적으로 미래지향적인 모색을 시도하고 있다. 이런 시도들은 지역미술의 정체성 문제를 제기하고 수도권 중심으로 공전하는 미술의 방향을 뒤 짚어봄으로서 독점적 보편논리를 벗어나서 있다고 볼 수 있는데 이것은 새로운 다원화된 미술적 보편성을 확립해 보고자 하는 의지를 담고 있는 것이다. 이렇게 지역미술이 만들어낸 의지들은 새로운 현대미술의 흐름 속에서 발전적, 진보적인 자세를 취하는 것은 어찌 보면 상당히 고무적인 일이 아닐 수 없다.

그리고 앞으로 새로운 가능성을 찾기 위해서는 지역미술의 한계를 벗어나 개방적인 자세를 취하며 끝없는 미지에 대한 실험을 계속하고 대전의 정서를 창조해야하는 각고의 노력이 필요하다.

그러기 위해서는 기존의 관습적인 체제나, 형식보다는 자유로운 미술담론 생산과 비평적 시각으로 오픈 토론장, 신진작가를 발굴하고 지원하는 프로그램, 이에 따른 기획과 평론 등 전문 인력 양성하고 더불어 지역과 지역 간의 네트워크와 건강한 미술시장을 구축해야 할 것이다. 문화경쟁력을 키우기 위해서는 먼저 전략적이면서도 이상적인 시스템을 갖춰야 한다. 그 것은 안정적인 경제, 정치의 기반위에 고유한 문화로 꽃을 피우는 시스템을 갖춰야 한다. 그렇기 위해서는 도시문화를 자생적으로 클 수 있도록 환경을 만들고 각자의 고유한 문화가 다양한 루트로 상호간의 교류하고 꽃을 피울 수 있도록 수평적, 혹은 수직적인 네트워크가 동시에 입체적으로 추진되어야 한다. 즉 국가와 국가, 단체와 단체, 개인과 개인이 서로 소통하는 수평적인 네트워크와 국가와 단체, 단체와 개인 등 수직적인 네트워크가 합쳐 복합적인 네트워크를 갖춰야 한다는 것이 바로 그것이다. 여기에 다양한 장르, 즉 영화, 음악, 무용, 문학 등이 서로 문화공동체처럼 동시에 움직여야 진정한 예술을 찾는 길이 열릴 것이다.

원도심은 대전시뿐만 아니라 많은 사회단체와 그 곳에서 살고 있는 많은 시민들이 많은 관심을 갖고 있다. 하지만 각자의 작은 관심, 만족으로 끝나는 경우가 많다. 여기서 필자는 앞으로 제대로 된 문화를 만들기 위해서는 한 기관이나 단체가 주도적으로 관리하고 시민들의 작은 목소리에 귀를 기울이고 전략적으로 장기간에 걸쳐 추진하는 것이 좋다고 생각한다. 그렇기 위해서는 당장 눈에 보이는 작은 성과나 만족에 연연하지 말고 원도심을 찾도록 사람들의 마음속에 오래 간직할 수 있는 추억들을 만들어줘야 할 것이다. 원도심은 추억이다. 사람들 마음속에는 오래된 추억도 있지만 지금부터 만들어가는 추억도 있다는 것을 잊지 말아야 할 것이다.

일반적으로 가상공간의 매체들은 우리들의 삶속에 이미 다양한 형태로 눈과, 귀를 현옥하고 입, 코를 자극하는 매체들이 순식간에 우리들의 오감을 자극하고 구매 욕구를 불러일으키고 있다. 이것이 바로 우리들이 살고 있는 현실 세계이다. 개인이나 거대한 집단이 하나의 사회를 이루고 공존하는 현대사회는 어찌 보면 인류가 현재까지 살면서 선택해온 최선의 결과일 것이다. 하지만 그 결과 속에는 모든 사람이 만족하는 완벽한 구조가 아니라 하나에서 다수까지 항상 선택할 밖에 없는 상호관계 속에서 상대적으로 늘 불안하고 나약한 인간의 존재가 있음을 깨닫게 된다. 현대사회는 마치 인류가 살아온 시간만큼 교묘하게 짜여 진 거대한 시스템과 같다. 다수를 위한 국가적인 이데올로기로 명분을 세우며 무모하게 일으키는 전쟁, 자국의 이익만을 좇는 경제논리, 공명정대(公明正大)를 뒤로한 정치적인 대립 등 수많은 부조리한 현상 속에서 인간으로서 삶의 의미를 찾기란 여간 힘든 일이 아니다.

그 속에서 예술의 가치를 어떻게 담아낼 것인가? 그리고 담겨져 있는 가치가 왜 중요한가? 작품 각각의 형상이나 아이콘들은 단순한 사물의 재현이 아니라 동시대적인 정신문화를 극명하게 보여준다. 다시 말해서 작품을 면밀히 분석하다 보면 시각적 형상이 단순한 작가의 생각 속에서 만 나오는 것이 아니라, 그 이면에 깔린 동시대를 살아온 환경이나 세상을 바라보고 고민한 작가만의 흔적에서 비롯된다는 것을 알게 될 것이다.

참고문헌

최문휘,「여기가 대전이다」,영문사. 1983

김정동 외,「2011 대전 근대 아카이브즈 포럼 그 성과와 미래」, 대전 근대 아카이브즈 포럼. 2011

한필원 외,「국립농산물품질관리원 충청지원 기록화 조사 보고서」, 문화재청. 2005

안권영 외,「2012 스페이스 씨 레지던스 결과보고 "닫힌 스튜디오, 텅 빈 아카이브 그리고 없는 사무실"」, 비영리 예술매개공간 스페이스 씨. 2012

황찬연 외,「2013 산호레지던스 프로그램 도시의 숨비소리」산호여인숙. 2013

김선건 외,「대전 원도심 활성화를 위한 문화자원 네트워크 구축 컨설팅」, 충남대학교 컨설팅팀. 2007

07

대전 원도심의 골목투어와 문화유산

안여종(대전문화유산울림 대표)

1. 들어가며
2. 원도심의 문화유산
3. 원도심 골목투어
4. 나가며

‖ 대전 원도심, 문화예술의 개성을 찾아 나서다 ‖ 07

대전 원도심의 골목투어와 문화유산

안여종(대전문화유산울림 대표)

1. 들어가며

대전은 1905년 경부선 개통, 1914년 호남선 개통과 함께 철도 교통의 중심지로 1932년 충남도청이 공주에서 대전으로 이전하면서 충청남도의 행정중심지가 되어 근대도시로 성장하였다. 이러한 도시 성장의 과정에서 현재의 대전역과 구)충남도청을 중심으로 한 원도심에는 관련 근대문화유산들이 산재해 있다.

이러한 연유로 지역의 정체성을 찾고 원도심에 대한 시민들의 관심을 끌어내어 원도심 활성화에 기여하고자 대전문화연대가 2007년부터 강좌+답사 형태의 "원도심에서 만나요" 프로그램이 4년에 걸쳐 진행되었다. 이어서 원도심과 대전 전지역의 다양한 지역 자원을 함께 비교 검토해 보는 "대전바로알기" 프로그램이 2010년 이후 3년 동안 강좌+답사 형태로 진행되고 있다.

또한 최근 원도심이 갖고 있는 갤러리, 근대건축물, 소극장, 맛집, 예술 창작 공간, 중앙시장 등의 다양한 자원에 주목하여 원도심 투어 프로그램들이 양산되고 있으며, 특히 2013년 대전문화재단이 후원하는 꿈다락토요문화학교와 원도심 문화탐방 등 원도심 공정여행 프로그램도 ㈜공감만세에 의해 진행되고 있다.

2. 원도심의 문화유산

대전은 1905년 경부선 철도 개통과 1932년 충남도청 이전으로 대전역과 충남도청을 축으로 중앙로 주변에는 일제 강점기부터 1950년 이후에 건축되어 50년~90년이 지난 근대건축물들이 집적되어 있는 공간이다.

대표적으로 충남도청, 대전여중강당, 국립농산물품질관리원충청지원, 구)산업은행대전지점, 구)동양척식주식회사대전지점 등 많은 근대문화유산들은 대전 원도심이 갖고 있는 근대도시로서의 대전의 역사성을 대변하고 있다. 이러한 근대건축물들을 잘 보존하고 활용하지 못하여 개발로 인해 사라진다면 대전 원도심이 갖고 있는 역사성 또한 우리의 기억 속에서 함께 사라질 것이다. 대구, 인천, 군산 등의 도시에서는 다양한 근대도시경관 조성사업이 진행되고 있다. 주로 근대건축물을 활용하여 근대건축박물관, 개항장박물관, 근대역사박물관, 근대거리조성, 근대문화유산 복원과 매입을 통해 리모델링 후 문화공간으로 새롭게 활용하고 있다. 이러한 타 지역의 사례를 지켜보면서 원도심 지역의 근대문화유산 보전과 활용의 의지가 대전시에 있는지 궁금해 질 수밖에 없다. 2010년 대흥동뾰족집 무단철거 사건과 2012년 구)산업은행대전지점의 민간매각에서 보는 것처럼 대전시가 원도심에 산재해 있는 근대건축물에 대한 보존과 활용에 대한 의지가 있는지 묻지 않을 수 없다. 결국 예산부족과 이러저러한 여건의 미성숙만을 탓하며 시간만 보내고 있을 뿐이다.

No	구분	명 칭	지역	지정일자
1	문화재자료 제 45호	거룩한말씀의수녀회성당	대전 중구	2001.6.27
2	문화재자료 제 46호	대전여중강당	대전 중구	2001.6.27
3	문화재자료 제 47호	구 대전형무소망루	대전 중구	2001.6.27
4	문화재자료 제 49호	충청남도지사공관	대전 중구	2002.8.23
5	문화재자료 제 50호	삼성초등학교구교사	대전 동구	2002.8.23
6	등록문화재 제 18호	충청남도청	대전 중구	2002.5.27.
7	등록문화재 제 19호	구 산업은행 대전지점	대전 동구	2002.5.27.
8	등록문화재 제 20호	조흥은행 대전지점	대전 동구	2002.5.27.
9	등록문화재 제 98호	구 동양척식회사 대전지점	대전 동구	2004.9.4.
10	등록문화재 제 99호	한전대전보급소	대전 동구	2004.9.4.
11	등록문화재 제 100호	국립농산물품질관리원충청지원	대전 중구	2004.9.4.
12	등록문화재 제 101호	충청남도 관사촌(50년이상 경과된 건물)	대전 중구	2004.9.4.
13	등록문화재 제 168호	철도청대전지역사무소재무과 보급창고(3호)	대전 동구	2005.5.6.
14	등록문화재 제 377호	대전대흥동뾰족집	대전 중구	2008.7.3

〈표 1〉 대전 원도심의 근대문화유산

위의 표에서 보는 것처럼 대전 원도심에는 문화재로 지정 및 등록되어 있는 근대문화유산이 어느 타도시와 견주어도 결코 적지 않은 근대문화유산을 보유하고 있다.

이중 삼성초등학교구교사(현 한밭교육박물관) 국립농산물품질관리원충청지원

(현 대전창작센터), 대전여중강당(현 대전갤러리) 등을 제외하면 근대문화유산을 문화예술공간으로 활용하는 사례가 적은 편이다.

〈대전 원도심의 근대문화유산 지도 : 출처 - 대전일보〉

지난 4월 25일 구)충남도청 1층에서 기획특별전 '충남도청사 그리고 대전' 전이 열렸다. 원도심의 역사성을 대전의 어느 곳에서도 체계적으로 볼 수 없었던 대전의 현실에서 아주 반가운 전시회가 열린 것이다. 물론 작은 공간의 한계로 대전의 근대역사와 원도심의 문화유산을 다양하게 확인하기에는 아직 부족하지만 의미 있는 첫발이라 평가할 수 있다.

앞으로 구)충남도청사는 충남도청 활용 방안을 전 시민적 차원에서 함께 고민해 보아야 할 시급한 과제를 안고 있다.

3. 원도심 골목투어

대전 원도심 골목투어에 대한 관심은 대구의 근대골목이 한국관광 100선 중 15선에 선정되어 관심을 끌고 있는 현실과 비교하면 아주 미진한 상황이다. 또한 인천의 경우 인천 중구 지역을 중심으로 산재해 있는 다양한 근대문화유산을 주제로 2006년부터 문화유산방문교육과 전문 가이드에 의한 투어 프로그램이 진행되고 있는 사례와 비교하더라고 대전의 원도심 골목투어는 전국적인 관심을 떠나 대전 시민들에게도 아직 많이 알려져 있지 않다고 할 수 있다.

하지만 2007년 대전문화연대의 '원도심에서 만나요' 를 시작으로 2008년 대흥동립만세에서 진행된 축제투어 형식의 원도심 투어, 2013년 ㈜공감만세에서 진행하고 있는 '원도심 상상공작소 문화예술 여행학교' 와 '원도심 문화탐방' 에 주목할 필요가 있다.

사례 1〉 대전문화연대의 원도심에서 만나요. 〈강좌+답사〉

대전문화연대가 진행한 원도심에서 만나요는 2007년부터 2010년까지 4회가 진행되었고 이후 원도심과 신도심, 기타 주변 지역과의 비교 답사를 통해 대전 시민들에게 원도심에 대한 관심을 촉발하는 대전바로알기 프로그램으로 진화한 사례를 찾을 수 있다. 이러한 원도심 투어 프로그램은 원도심에 대한 역사와 장소성을 처음으로 알리고, 최근 시민들이 대흥동을 중심으로 원도심의 다양한 자원에 관심을 갖는 계기를 제공했다는 의미에서 평가할 수 있다.

□ 제 4회 원도심에서 만나요 5강 프로그램 - 2010년

5월 16일 : 근대도시 대전 원도심의 역사와 장소성 - 권선정
5월 23일 : 대전 원도심의 생태환경 - 김종남
5월 30일 : 원도심 시장 이야기 - 안여종
6월 6일 : 원도심의 도시디자인과 건축 –: 한필원
6월 13일 : 공공미술 - after - 이혜숙

□ 대전바로알기 8강 프로그램 - 2011년

4월 23일 : 길과 지명으로 근대도시 대전을 쓴다. : 권선정
4월 30일 : 도심 산들강에도 생명은 살아 꿈틀거린다. : 최수경
5월 14일 : 유쾌한 공간을 찾아서 : 이용원
5월 21일 : 관방(關防)도시 대전에 남겨진 산성 이야기 : 공석구
5월 28일 : 원도심 골목투어 : 김선건
6월 4일 : 전통시장에서 소중한 사람을 만나자 : 안여종
6월 11일 : 전통에서 근대를 거쳐 현대까지 : 김종헌
6월 18일 : 대전의 전통마을과 민속 : 류용환

사례 2〉 ㈜공감만세의 원도심 문화탐방

공감만세는 공정함에 감동한 사람들이 만드는 세상을 꿈꾸는 청년들이 2010년 창업한 공정여행으로 희망을 노래하는 청년 사회적기업이다. 현재 대흥동에서 활동하고 있으며, 대흥동을 거점으로 다양한 원도심 투어 프로그램을 진행하고 있다.

젊은 청년들의 감각과 관계를 통해 구축한 대흥동의 문화예술인 및 문화시설과의 네트워크를 통해 다양한 계층을 대상으로 원도심 투어를 활발히 진행하고 있다. 공정여행이란 여행의 원칙을 지켜가며 대전형 공정여행의 모델을 만들고 있다는 평가를 받고 있다.

□ 꿈다락토요문화학교 : 원도심 상상공작소 문화예술 여행학교

- 대상 : 중 · 고등학생

회차	주제	활 동
1	프로그램의 이해 원도심 상상공작소, 대흥동	- 입학식 : 원도심 문화예술 여행학교 설명회 - 토크콘서트 : 내가 살고 있는 마을을 여행한다고? - 활동 : 여행에 대한 마인드맵 그리기
2	근대문화유산의 이해	- 여행 : 충남도청-중구문화원-대흥동성당-대전여중강당 - 활동 : 마음 나누기
3	문화예술을 통한 원도심 활성화의 이해	- 여행 : 산호여인숙-수원칼국수-우리들공원-바중구청-도시여행자-공감만세
4	근대공간이 주는 문화예술상상력 체험(활자와 문화)	- 여행 : 계룡문고-느린나무-네스트197-비돌-북카페이데
5	근대공간이 주는 문화예술 상상력 체험(표현과 문화)	- 여행 : 갤러리 스페이스씨-이공갤러리-현대갤러리-대전창작센터
6	근대공간이 주는 문화예술 상상력 체험(몸짓, 소리)	- 여행 : 소극장거리-마임연구소-대흥동탁구장-E-악연구소
7	문화예술의 경계 넓히기	- 여행 : 다문화카페 아임아시아-프랑스문화원-공감만세 - 강의 : 국제사회의 이해 - 활동 : 대흥동 문화예술 이야기지도 만들기
8	원도심과 문화예술로 소통하기	- 축제 : 내가 만든 이야기지도와 대흥동을 부모님, 친구들에게 소개하면서 원도심과 인사 - 특강 : 문화예술로 마을이 행복해 질 수 있을까?

□ 원도심 문화탐방

- 기간 : 2013.4.26 - 11.30 / 매주 금요일 오전 10시 - 오후 4시
- 대상 : 초,중,고 학생, 대학생, 청년, 주부, 직장인, 시니어
- 참가비 : 무료

프로그램명	대상	인원	내용	장소
00을 위한 힐링여행	주부 시니어 중고생	20명	원도심 문화예술공간 방문 원도심 문화예술가와 만남	원도심 문화예술 공간 (갤러리,문화원)
근대 공간의 상상공작소	직장 단체		원도심 근대 문화재 탐방 사회적자본 네트워크 체험	원도심 근대문화 공간 (충남도청,창작센터)
원도심 사회혁신로드	대학생 청년		원도심(예비)사회적기업 마을기업, 청년창업팀 탐방	원도심 사회혁식 공간 (사회적기업,청년창업)
재래시장 런닝맨	초등학생		재래시장 미션투어 목척교 정화 자원봉사 활동	중앙시장, 목척교

사례 3〉 (사)대전문화유산울림의 원도심투어

① 대전문화재단 후원 원도심투어

(사)대전문화유산울림은 대전의 역사와 문화유산을 보존하고 조사, 연구, 활용하는 활동을 하기 위해 2012년 4월 창립된 문화유산 단체이다. 대전문화재단이 지원하는 원도심활성화사업의 일환으로 원도심투어 5회를 진행하였다. 시민들의 관심과 참여가 높았고, 가족대상으로 진행했으며 원도심의 자원을 활용하고 문화예술과 접목하려는 다양한 시도가 엿보인다.

□ 사업기간 : 2014년 5월 ~ 12월(총 5회)

□ 사업예산 : 450만원

□ 사업 주요내용

NO	일 시	내 용	참여인원
1	2014.6.21.(토) 09:30~12:30	원도심 문화예술을 만나요 구)충남도청 근현대사전시관-책 읽어주는 서점 계룡문고-게스트하우스-일신필방-사과나무 과일가게-문화공간 주차-도자기 공방 아트팩에서 문화예술 체험	40명
2	2014.7.26.(토) 09:30~12:30	전통시장에서 만나요 대전역-역전시장-신한은행-장탐험 미션(중앙시장 명소 찾기, 천원의 행복)-구)산업은행(등록문화재19호)-목척교	35명
3	2014.8.23(토) 14:00~18:00	원도심 문화공간에서 만나요 구)충남도청 앞-책 읽어주는 서점 계룡문고(원도심 영상 및 빛 그림책 체험)-게스트하우스-쌍리 갤러리-월간 토마토-소극장 연극관람 및 연극인과의 대화	30명
4	2014.9.27(토) 09:30~12:30	원도심에서 만나요 대전역 대전부르스 노래비 앞-구)산업은행(등록문화재19호)-4.19표지석-목척교-스카이로드-삼성화재(구.대전부청사)-한밭권투체육관-성심당- 대전창작센터-대흥동성당-대전여중강당(문화재자료46호)-문화예술의 거리-구)충남도청(등록문화재18호) 근현대전시관, 도지사실	20명
5	2014.10.18(토) 09:30~15:00	원도심이 좋아요 대흥동 우리들공원-대흥동성당-대전창작센터-대전여중 강당-문화공간 주차-점심(원도심 맛집)-현대마임연구소 집결 및 원도심 영상관람-활동내용 공유하기-마임으로 표현하기-활동정리	30명

② 문화재청과 대전시가 후원하는 근대문화유산투어

문화재청 생생문화재사업의 일환으로 "소제동 보물창고 열려라 생생!!"의 근대문화유산투어 10회 진행, 청소년, 가족단위, 주부, 용전동 상상의료생협

회원 등 다양한 대상으로 진행하였다.

□ 사업기간 : 2014년 4월 ~ 10월(총 10회)

□ 사업예산 : 1,200만원

□ 사업 주요내용

행사명 (프로그램명)	기 간 (년 · 월 · 일)	장 소	주요 내용	참여 인원	주요 관람층	비고 (횟수)
근대 투어	2014/04/26/토 2014/05/24/토 2014/06/13/금 2014/06/28/토 2014/07/26/토 2014/10/25/토	소제동 일대	근대소풍 기차소풍	172명	가족단위 문화복지 학생	6회
	2014/05/23/금 2014/08/23/토 2014/09/19/금	대동 일대 중앙시장	옆 마을 소풍	70명	주부대상 문화복지	3회
	2014/07/19/토	대전지역	기차소풍	30명	가족단위	1회

4. 나가며

이상과 같이 원도심의 문화유산 현황과 의미, 원도심 골목투어의 사례를 통해 원도심 활성화 방안의 한 측면을 살펴보았다.

대전 원도심 투어는 대전의 원도심이 갖고 있는 고유한 특성인 근대 도시로서의 면모와 대흥동문화예술의 거리로 대표되는 예술인과 소규모 문화 시설의 집적 공간으로서의 대흥동, 추억의 공간으로서 원도심, 철도관련 유산이 밀집된 소제동, 도시 재생의 관점에서 원도심 활성화에 투여되는 예산과 여러 자원을 융합하고 소통하여 새롭게 창조해 낼 수 있는 공간으로서의 특성과 가능성을 잘 살려 내야 한다.

원도심의 문화유산, 골목, 시장, 문화시설 등 다양한 공간과 사람의 관계를 잘 살려 대전 원도심 골목투어를 만들어 내고 시민과 함께 소통한다면 원도심 골목투어는 원도심에 새로운 활기를 불어 넣고, 일상의 공간을 활용한 문화 향유 프로그램으로서 많은 시민들에게 주목 받을 것으로 기대한다.

마지막으로 대전시는 충남도청특별법 통과로 옛충남도청 공간과 옛충청남도 관사촌을 잘 보존하여 지역의 문화예술계와의 협력을 통해 관사촌을 대전 시민이 문화예술복합공간으로 활용할 수 있도록 적극적인 역할을 해야 할 것이다.

자료 출처

대전문화연대 홈페이지 : www.djca.or.kr

㈜공감만세 홈페이지 : www.fairtravelkorea.com

(사)대전문화유산울림 홈페이지 : http://cafe.daum.net/djchwoollim

문화재청 홈페이지 : http://www.cha.go.kr

08

대전, '길'에서 비롯되는 문화

박찬인(충남대학교 불어불문학과 교수)

1. 길의 인문학적 속성
2. 대전 최초 길들이 갖는 함의 - 현대적 비애와 노스탤지어
3. 대전 길들의 새로운 함의 - 문화, 생태환경, 미래
4. 결론

‖ 대전 원도심, 문화예술의 개성을 찾아 나서다 ‖ 08

대전, '길'에서 비롯되는 문화*

박찬인(충남대학교 불어불문학과 교수)

1. 길의 인문학적 속성

인류의 변화 역사를 증명해 주고 각 시대의 특징을 담은 건축결과물 중 하나로만 여겨지는 길은 사실상 여러 속성을 지닌다. 동 · 서양을 막론하고 인류의 조상들이 더 안락한 환경을 찾아 이동함으로써 길을 만들고 세상을 만들었다. 때문에 길은 우선적으로 인류의 생태환경적 속성을 지닌다. 그러나 실크로드처럼, 한 부족 혹은 어떤 특징을 갖는 집단이 지나간 길 위에서 피어난 문명은 길에 문화적 속성 그리고 경제적 속성 요컨대, 뒤르켐(Emile Durkheim)의 용어를 빌자면, 문화사회학적 속성을 부여해주기도 한다.

그러나 최초에 '길' 이라는 사물, 길이라는 개념은 어떻게 생겼을까? 태초의 인류는 해와 달과 별의 운행에서, 그것들이 그리는 궤도에서 길을 보았을 것이고 개념화했을 것이다. 그 길을 알고자 "천문학"[1] 이 생겨났으나 하늘의 길은 여전히 너무 멀어 운명적인 길이었다. 반면에 대지 위에 물길은 가까이 있었고 짐승과 인간이 생존하고자 찾아가는 길이었다. 소설가 최인훈 선생에 따르면 "이렇게 해서 '물길' 과 '짐승의 길' 과 '사람의 길' 이 어우러진다. 반드시 물을 마시러 와야 하는 짐승을 잡고자 인간은 '길목' 을 지켰다.

> 물의 길인 강과 짐승들이 그곳으로 가는 '물에의 길' 은 인간의 지배 밖에 있는 객관적인 사물이지만 그것들을 길목으로 사용하는 사냥의 길은 인간이 선택한 길이다. 인간이 생존의 '수단' , '방법' , '기술' 로서 지배하는 주체화된 길이다. 주체화된다는 과정은 '길' 이라는 말의 용법 속에 정착되어 있다. '길들인다' 는 용법이 그것이다. 길들인다는 것은 주체가 아닌 것을 주체에게 본질적인 것으로 만든다는 뜻인데, 그 현상을 우리말에서는 '길들인다' 고 나타낸다. 밖에 있는 길을 안에 들여놓는다는 표현이다. '안' 이란 물론 인간의 안, 인간의 의식, 인간의 감각 '안' 에 '들여놓는다' 는 뜻이다.[2]

우리말은 '길' 로부터 '길들이기' 를 거쳐 '기르기' 로 생존의 기술을 확장하면서 마침내 공간적인 개념이면서 동시에 시간적인 개념으로서 '길이' 라는 추상적인 형식을 만들어 낸다. 길은 많은 언어에서 "실체, 관계, 운동, 시간, 공간, 기술이라는 개념을 모두 가지고 있다."[3] 이렇게 보면 길은 분명 효율성과 미지의 세계에 대한 예측을 가능케 하였던 인류의 상상력에 의하여 만들어졌을 것이다. 즉, 길이 지닌 다양한 속성들은 인문학적 속성에 기대고 있다.

정착생활 이후 부락과 부락 사이, 부족과 부족 사이에 '길' 이 열리면서 이제 '길 떠나기' 가 시작된다. 여행의 길은 길이 아닌 길, 길이 없는 길, 잘 모르

---

* 본 발표는 제3회 세계인문학포럼의 발표를 축약한 것임.
1 모든 문명의 발상지에서 공통적으로 최초의 학문 중 하나는 천문학이다.
2 최인훈,『바다의 편지』, 삼인, 31쪽
3 위의 책 32쪽

는 길을 찾아가는 모험이다. 이를테면, 고대그리스의 대서사시 『오디세이아』는 뒤이어 따르는 서양문화가 재현한 모든 창의성의 원천이라 할 수 있다. 그런데 이 대서사시의 핵심적 줄거리는 주인공이 창조하는 방랑이며, 또한 주인공이 귀향을 목표로 둔 채 발견하고 경험하는 수많은 형태의 길들에 의해 이끌린다. 때문에 수많은 길들을 안고 있는 방랑의 신화는 이렇게 시작된다.

> 오, 뮤즈여, 창의력이 뛰어난 자의 모험담을 내게 말해다오.
> 트로이를 초토화시킨 자, 여러 해 동안 방랑했던 자,
> 많은 도시를 여행하고, 많은 풍습을 발견하면서,
> 바다를 향하는 그의 영혼 속에 깃든 많은 고통을 감내하면서……[4]

길은 도시의 탄생에만 관여된 것이 아니라 문학의 탄생 신화에 개입하는 주요한 모티브이기도 하였다. 서양문학의 출발인 서사시의 탄생처럼, 중세시대 서정시 형태의 새로운 시가문학의 탄생에도 길은 모티브로 작용한다. 12세기 남프랑스에서 등장하는 음유시인들, 투르바두르(Troubadours)들은 봉건 제후의 궁정을 돌아다니며 시를 노래함으로써 서정시의 근간을 마련한다. 즉, 그들이 노래처럼 읊은 시들은 길 위에서 만들어져 제후 앞에서 불렸지만 곧 대중에게 전파되어 시로써 생존하게 된다. 그 시들은 음악이 되고 무용이 되고 연극이 되고 현대에 이르러서는 영화도 된다. 문자와 책이 대중에게 보급되지 않았던 중세의 시가문학이 노래의 형태로 길 위를 떠돌아다니던 경우는 한국에서도 유사한 양상으로 확인할 수 있다. 이를테면 청산과 바다를 향해 길 떠남을 이상화하는 주체가 읊어대는 고려가요의 「청산별곡」에서, 길을 떠난 객체에게 전달되는 서운한 감정을 드러내는 「가시리」에서, 길은 시의 암묵적인 모티브로 작용한다. 시의 운명에 관여하는 길은 시대와 상황마다 특별한 상(像)으로 나타나지만, 근대를 지나 현대에 이르기까지 둘의 관계는 지

4 『오디세이아』의 1장 1-4절, 프랑스 시인 Philippe Jacottet가 현대프랑스어로 번역한 것을 옮겼다.

속되어 후자가 전자의 생존에 개입하는 양상을 자주 드러낸다. 조선시대 관동지방을 유람하던 정철이 지나갔던 수많은 길 위에서 시가 창작되었듯이, 시는 길 위에서 탄생하여 길 속에 안착함으로써 시작되었고 지속된다.

> 나는 떠났지, 터진 주머니 속에 손을 집어넣고, 내 저고리는 관념적이 되었고
> 나는 하늘아래서 걸었다네, 뮤즈여! 나는 그대의 신봉자 [……]
> 내 단벌 바지엔 구멍이 났지, 꿈꾸는 꼬마 몽상가는, 걸으면서 각운들을 하나씩 떨어뜨렸지
> 내 주막은 큰곰자리에 있었고, 하늘에선 내 별들이 부드럽게 살랑거렸지
> 하여 나는 길가에 앉아 별들의 살랑거림에 귀 기울였지[5]

19세기 프랑스의 천재시인 아르튀르 랭보(Arthur Rimbaud)에게 있어서 떠남과 길은 생활과 이상을 모두 담고 있는 존재론적 환경임과 동시에 시적 영감의 원천이기도 하였다. 18세기 프랑스 철학자 장-자크 루소는 「나의 초상」이란 글에서 산책이 글을 쓰게 하는 재치를 만들어주며 "전원이 나의 사무실이다"라고 고백한다.[6] 이 고백은 철학자의 재치에 생명력을 돋구어주는 것이 걸었던 길임을 알게 해준다. 이처럼 루소, 랭보 혹은 니체와 같은 작가들의 위업(偉業)에는, 율리시스의 위업처럼, 길이 개입하고 있다. 그런데 일찍이 문(文)의 탄생에 개입하던 길과는 별도로 현대문명 안에서의 길은 현대성(modernity)과 섞이게 된다. 자연으로부터 영감을 받던 시인의 초상은 19세기 낭만주의에서 절정을 이루었고, 현대에 이르러서는 타인의 서정(抒情)을 투과하려는 낭만주의적 목적성을 잃어버린, 사적인 신비의 세계를 구현하는 시인이 출현한다. 다시 말해서, 19세기 프랑스 시인이 길가에 앉아서 신비한 시적 영감을 건

---

5 Arthur Rimbaud, 「나의 방랑Ma Bohème」, 『영감Illuminations』, Poche

6 Jean-Jacques Rousseau의 「나의 초상Mon portrait」 : "Je ne fais jamais rien qu' à la promenade, la campagne est mon cabinet ; l' aspect d' une table, du papier et des livres me donne de l' ennui, l' appareil du travail me décourage, si je m' assieds pour écrire je ne trouve rien et la nécessité d' avoir de l' esprit me l' ôte."
프레데리크 그로, 이재형 옮김, 『걷기, 두 발로 사유하는 철학』, 책세상, 101쪽

져 올렸던 것과는 달리, 20세기 시인에게 길은 소비된 감정과 삶에 대해 탄식하며 "텅 빈 희망"[7]을 토해낼 수 있는 무력의 공간이 되기도 한다.

> 찾지 말라, 나는 곧 무너질 것들만 그리워했다
> 이제 해가 지고 길 위의 기억은 흐려졌으니 [……]
> 어둠 속에서 중얼거린다
> 나를 찾지 말라…… 무책임한 탄식들이여
> 길 위에서 일생을 그르치고 있는 희망이여[8]

이처럼 길은 인류의 역사적 전진에 의거하여 다양한 역할을 하며 다양한 초상을 그려낸다. 길이란 이렇게 시를 뽑아내는 시인의 영혼과 감성이 살아 움직이는 공간이기도 하고, 절망스런 현재의 공간임과 동시에 과거에 대한 회상과 회한을 허락하는 시간의 공간이기도 하다. 그런가 하면 길은 한 개인에게 있어서 인생의 출발선이며, 배움의 장(場)이며, 기존의 배움과 믿음을 전복할 수 있는 힘을 새롭게 건져 올릴 수 있는 우물 같은 곳이기도 하다. 요컨대 그 길은 한 존재가 자신의 삶을 만들고 부수고 재창조할 수 있는 사유가 확장되는 공간 즉, 존재의 생존 자체이다.

> 길 위에 서서 생각한다
> 무수한 길을 달리며, 한때
> 길에게서 참으로 많은 지혜와 깨달음을 얻었다고 믿었다
> 그 믿음을 찬미하며 여기까지 왔다
> 그러나, 온갖 엔진들이 내지르는 포효와
> 단단한 포도(鋪道) 같은 절망의 중심에 서서
> 나는 묻는다
> 나는 길로부터 진정 무엇을 배웠는가
> 길이 가르쳐준 진리와 법들은

---

7 문학평론가 김현은 기형도의 시가 환기시키는 '희망'은 "텅 빈 희망"이라고 규정한 바 있다.

8 기형도, 「길 위에서 중얼거리다」, 『입 속의 검은 잎』, 문학과지성사, 1991

왜 내 노래를 가두려 드는가

길은 질주하는 바퀴들에 오랫동안 단련되었다
인간의 상상력은 바퀴를 창조했지만
바퀴는 길을 만들고
바퀴의 방법과 사고로 길을 길들였다. [……]

나는 길에서 얻은 깨달음을 버릴 것이다
나를 이끌었던 상상력의 바퀴들아
멈추어라
그리고 보이는 모든 길에서 이륙하라[9]

시인이 노래를 부르고, 개인이 삶을 기획하고 학습하는 역사가 구성되고 진행되는 길은 요컨대 인간의 근원적인 문제가 논의되고 탐구되는 장(場)이다. 또한 사람들이 신화를 노래하고 도시와 국가를 건설하던 시간과 모든 건설적 욕망 이전에 존재한 것은 길이었다. 인류의 모든 창조적 행위 속에는 수많은 형태의 길들이 놓여 있었다. 그 길들은 각각의 환경과 시대를 관통하며, 인간의 삶에 개입하고, 그 피상(皮相)을 뚫고 내려가 인간의 심연을 건드리기도 한다.

이러한 길로부터 21세기 한국의 "과학도시, 미래도시" 대전이 탄생하였다. 그리고 한 도시의 탄생에 개입한 길이 오늘날 그 도시의 삶과 문화에 또한 직접적으로 개입하고 있다. 현대도시 대전의 건설과 함께 시작된 인효로, 대전로, 중앙로와 자본주의의 극대화에서 기인한 현대산업사회의 병폐를 극복하기 위해 '참살이' 의 필요성을 자각하면서부터 만들어진 대전둘레산길, 대청호 오백리길, 계족산 황톳길과 최첨단과학도시의 이념을 담은 사이언스길 등, 이 모든 길들은 제각각 다른 탄생 환경을 갖고 있다. 또한 각각의 길이 도시민들의 삶에 원동력 역할을 하면서 특징화된 상(想)을 구축한다. 때문에 이

9 유하, 「길 위에서 말하다」, 『나의 사랑은 나비처럼 가벼웠다』, 열림원

길들이 지닌 가치를 지리학적 차원을 벗어나 논의해보는 것은 오늘날의 대전에 내재한 문화적 사회적 역량을 예측해볼 수 있는 방법이 될 수 있다. 그렇다면 이 길들의 '길' 이 구축하는 함의는 무엇인가?

2. 대전 최초 길들이 갖는 함의 - 현대적 비애와 노스탤지어

게오르규 짐멜(Georg Simmel 1858~1918)은 "현대란 인간이 사회적 이해 집단에 종속되던 체계의 붕괴이다." 라고 정의한다. 현대를 맞이한 인간은 봉건적 전통사회로부터 자신을 떼어낸 주체로서 존재하게 되는 것이다. 즉 현대의 인간은 과거와는 비교할 수 없을 정도로 큰 내적 · 외적 이동의 자유를 갖는 자율적 존재이다. 현대적 인간의 이동은 자신이 종속된 사회에서보다는 자기 자신에게서 그 동기를 찾는다. 때문에 19세기에 방랑을 즐기는 문인들이 서양문학에 대거 등장한다.

19세기의 서양 문인들은 랭보처럼, '먼 곳' 을 여행하는 자율적 존재들이었고, 그들의 자유로운 이동은 '오리엔탈리즘' 이란 문예사조까지 이끌어 낸다. 그 배경에는 자유로운 이동의 열망이 큰 길을 걸으며 하는 여행으로만 표출된 것이 아니라, 현대도시를 가로지르는 소로(小路)들을 산책하는 '현대적' 취미를 통해서도 이뤄졌다. 소위 서양 현대문학의 선구자로 간주되는 샤를 보들레르(Charles Baudelaire)의 현대성은, 파리의 좁은 길들을 산보하며, 파리 시내 곳곳에 첨예한 시선을 던지며, 현대도시에서 일어나는 현상들과 군중을 관찰한 개인을 출현시킨 데에 있다. 게다가 20세기 초 한국 현대 문인들 중 "서구 모더니즘의 적자" 라 불리는 이상(李箱)은 경성역 부근을 배회하며 도시의 군중을 관찰하는 개인을 출현시킴으로서 새로운 초상의 화자(話者)를 제시한다.

이와 같이 사적인 동기,혹은 동기 없는 단순한 배회나 산보에 의거한 자유로운 이동은 현대적 개인에게 부여된 일종의 현대성인 셈이다.

대전을 지나가는 1905년 개통된 경부선철도의 등장과 함께 대전의 지정학적 위상뿐만 아니라 지역민의 정체성에 변혁이 인다. 철길의 건설과 함께 함께 내적 · 외적 이동의 자유를 누리는 자율적 존재들이 대전에 출현하게 된 것이다. 이 존재들은 "식거먼 연기와 불을 배트며 소리지르며 달어나는 괴상하고 거창한 파충류동물"에 비유 된 현대 문물인 기차를 타고 이동하는 "소러서아 눈알푸른 시약시", "드란 짱골라", "뒤처 젓는 왜놈" 등의 이방인들이기도 하다.[10] 고향에 있는 할머니가 그리워 이 아프단 핑계를 대고 귀향하는 이도 "배추꽃 노란 사월 바람을" 타고 달리는 기차로 이동한다.[11] 이처럼 서양문물의 이입과 함께 갑자기 맞이한 한국의 현대화(modernization)는 철길을 달리는 기차로 응집된다. 한국 초기 현대시의 모더니스트로 간주되는 정지용에게도 현대문명의 상징이 오로지 기차이기라도 한 것처럼 시인은 기차를 시적 소재로 자주 활용한다. 그렇다면 이국의 선진기술이 유입되던 현대 한국에서 기차가 달리던 철길과 오늘날 일상에 편의를 제공하는 평범한 철길은 동일한 의미를 갖는가? 간략히 말해서 두 철길에 부여된 의미는 상이하다.

> 1900년 초기 개발의 중심지였던 지금의 정동, 원동, 인동 땅값은 평균 한 평에 일전(一錢), 이전(二錢)으로도 거래가 잘 안 되던 것이 1904년에는 껑충 뛰어서 2원(圓)으로 거래되었었다. 그만큼 새로운 개발지로 비상하기에 이른 것이다. 그러나 신개발지는 대전역 앞뿐이었고 대전천을 건너다니는 다리 하나가 없었다. 목척교 부근에 돌로 싸놓은 징검다리가 있어서 그 다리로 건너다녔으나 비가 오면 그 다리도 냇물에 침수되어 통행은 불가능했다. 당시 대전천을 건너다니는 징검다리로는 목척 다리와 석교동에서 대전천을 건너

---

10 1926년 일본 유학생 회지 『학조』에 발표하였던 시 「파충류동물」에서 인용.

11 정지용, 「기차」, 『백록담』, 열린책들, 2004 :
"할머니/ 무엇이 그리 슬퍼 우십나?/ 울며 울며 녹아도로 간다. [……]// 나도 이가 아퍼서/ 고향 찾아가오.// 배추꽃 노란 사월 바람을/ 기차는 간다고/ 악물며 악물며 달린다."

다니는 돌다리가 유일한 큰 징검다리가 아니었던가 한다.
대전천을 건너다니는 육산교로, 처음은 1906년 7월에 대전 인동에서 문창동으로 건너다니는 다리로 가설된 씨웅교가 처음이다. 대전 목척교가 1911년 다리 폭 2칸으로 가설되고 1912년 4월에 다리 폭을 3칸으로 낙성하는 경우를 생각해 보더라도 대전천 첫 다리는 이미 목척교보다 6년 전에 가설한 씨웅교가 처음인 셈이다. 대전에 자리 잡는 일본인들이 대전 장터의 필요성과 그 이용가치를 높이려고 가설한 다리가 씨웅교였다.[12]

근대도시로 대전이 등장하기 이전 지역 내 길들의 주요한 특징 중 하나는 대전역-대전천-충남도청-유등천으로 경계 지워지는 현 대전의 원도심 지역에 눈에 띄는 길들이 형성되지 않았다는 것이다. 이는 대전천 주변 지역을 모태로 하여 대전이 등장한 이후, 과거와는 다른 길 체계가 대전역과 충남도청 사이 원도심 지역을 중심으로 새롭게 형성될 수밖에 없음을 말하는 것이다. 그리고 이렇듯 새롭게 등장한 길 체계는 현재의 대전 도시교통망의 근간을 이루게 되었다. [……]
근대적 행정체제 상 대전의 근간이 되었던 대전면은 1914년 일제에 의한 행정구역 통폐합으로 대전역과 대전천 사이에 등장하였다. [……]더불어 본정통(인효로), 중앙로, 중교로, 대흥로 등 시가지 내 주요간선도로와 대전교(목척교), 대흥교, 중교 등 대전천 동-서쪽을 잇는 교량을 건설하고, 하천치수공사와 하수도 공사 등 여러 도시개발 사업이 시행되었다.[13]

지난 1904년 대전역의 건설과 그 앞쪽으로 개발된 시가지는 개인의 기억과 집단화된 기억의 주가 된다. 일본제국주의의 편의에 의하여 실행된 도시 개발을 경험한 사람에게 당대 건설되었던 '길' 이란 시니피앙이 갖는 의미가 국어사전에 정의된 "사람이나 동물 또는 자동차 따위가 지나갈 수 있게 땅 위에 낸 일정한 너비의 공간" 이란 의미 이외에 다른 의미를 가질 수 있음을 최문휘 선생의 글은 알려 준다. 일제강점기에 건설된 대전역 주변의 길들인 본정통, 영정통, 춘일정통이라 불린 오늘날의 인효로, 대전로 815길, 중앙로는 동일

12 최문휘, 「역사이야기 - 되돌아본 대전 100년, 지난 이야기 1900-1920」, 『토마토』 (2010년 7월호)
13 강성복, 「대전지망 길의 현황과 그 특색」, 『대전의 산천과 길 제2권』 (대전역사총서 제7집), 428쪽

한 길들을 지칭하는 것이지만 두 범주의 '길' 로 나뉜다. 이를테면, 일제강점기의 춘일정통을 말할 때의 '길' 과 현재 중앙로를 말할 때의 '길' 이 같은 의미로 수용될 수는 없다. 때문에 막 태어난 현대도시 대전에 놓이는 새로운 길들은 단순한 '길' 이 아닌 복잡한 감정과 함의를 형성하게 된다. 그것은 신식문명의 전이라는 수식과 함께 수용된 '길' 일 것이며, 다른 한편으론 기존 생태질서와 생활환경에 균열을 만드는 주체로 인식되는 '길' 일 것이다. 여기서 '길' 은 신문물에 대한 '경외' , 타자의 강압에 의해 실행된 현대에 대한 '트라우마' 로서의 '비애' 그리고 기존의 것에 대한 '노스탤지어' 로 이어지는 함의를 만든다. 복잡한 감정들을 의미하는 함의는 현대 대전의 '길' 만의 것이 아니라, 당대 한국의 산천과 조화를 이루지 못하던 신식문명 전체가 갖는 함의이기도 한 것 같다.

> 우리들의 기차는 아지랑이 남실거리는 섬나라 봄날 온 하루를 익살스런 마도로스 파이프를 피우며 간 단 다.
> 우리들의 기차는 느으릿 느으릿 유월 소 걸어가듯 걸어 간 단 다.
> 우리들의 기차는 노오란 배추꽃 비탈밭 새로
> 헐레벌떡거리며 지나 간 단 다.
>
> 나는 언제든지 슬프기는 슬프나마 마음만은 가벼워
> 나는 차창에 기댄 대로 휘파람이나 날리자.[14]

"거창한 파충류동물" 을 연상시키는, 이방인들을 실어 나르던 기차는 "노오란 배추꽃 비탈밭 새로" 난 철길을 힘겹게 달린다. "헐레벌떡거리며" 전통사회의 전원을 지나가는 신식문명이 주는 이미지는 불안함과 비애의 감정을 전달한다. 서양의 현대적 도시계획은 현대적 개인으로 하여금 산보하면서 도시 곳곳에서 움직이는 군중을 첨예한 시선으로 관찰하도록 허용하지만, 한국

14 정지용, 「슬픈 기차」, 『정지용시집』, 열린책들, 2004, 78쪽

의 타율적인 현대도시 계획은 그것을 겪는 개인에게 경외감, 비애, 노스탤지어의 복잡한 정서(情緖)를 유발시킨다. 이처럼 일제강점기란 특수한 역사성은 오늘날 원도심의 중추 역할을 하는 길에 특별한 함의를 만들어주었다. 표면적으론 일제강점기 때의 길과 같은 지형의 길인 중앙로는 해방 후 다른 의미를 갖게 되고, 최첨단 도시 개발을 이룩한 오늘날 중앙로는 과거의 함의와는 또 다른 의미체계를 갖고 있다. 이처럼 동일한 길이지만 길이 구축하는 함의는 시대적 그리고 사회적 상황에 따라 변해간다. 1930년대 충남도청이 공주에서 대전 선화동으로 이전하면서부터 위상이 달라진 대전은 해방이후 부터 점차적인 발전을 이룩하였다. 그리고 지난 1989년 직할시로 승격되기까지 40년간 대전시의 심장 역할을 하였던 중앙로는 신도심 개발과 함께 새로운 함의를 갖게 된다. 현재 중앙로라 불리던 길이 원도심의 '으능정이 거리'를 끼고 있는 길로 인식되는 순간 동일한 길이 갖는 함의는 새로운 양상을 띠게 된다.

3. 대전 길들의 새로운 함의 - 원도심 : 문화, 생태환경, 미래

지난 1989년 대전시가 직할시로 승격되고, 둔산 신시가지 개발계획을 결정한 후부터 대전시의 행정 · 문화 지형에 대변혁이 일어난다. 80년대 말부터 진행된 대규모 택지개발사업이 완성된 현재 대전은 5개구 체제를 갖춘 분산화 · 다핵화가 성취된 대도시 모습을 하고 있다. 그 결과 대전은 원도심과 신도심으로 나뉘어져 90년대 이전까지 원도심에 집중되었던 행정, 금융, 법률이 시청이 있는 신도심 둔산지구로 옮겨졌다. 이 도시 분산화에서 원도심이라는 새로운 지형이 잉태되고, 현재 원도심은 한국 어느 도시에서도 없는 '문화지대' 를 형성하고 있다. 그 한복판을 가르는 중앙로는 '문화의 거리' 란 별칭으로 불리는 으능정리 거리를 본거지로 하는 원도심 문화지대의 척추가 된다. 특히, 대흥동 천주교회, 성심당 골목, 대전평생학습관, 근대건축물을 리모델링하여 만든 복합문화공간인 대전창작센터 등이 있는 으능정이 네거리와 대흥동 네거리 주변은 대전의 젊은이들을 비롯한 지역 예술가들이 '유희적으로', '문화적으로' 집결하는 곳이다. 또한, 90년대 이전에 이십대를 보냈던 기성세대에겐 과거를 추억할 수 있게 하는 서정적 공간이기도 하다.

경부선철도 개통 이후 대전의 핵심적인 길이었던 중앙로는 일제강점기 동안 '현대적 비애' 가 깔린 길이었으며, 해방이후엔 시 행정이 집중된 관료적인 길이었다. 그러나 90년대부터 대전의 다핵화가 이뤄지면서 중앙로는 '중앙' 의 위상을 벗겨내고, '길' 만을 남긴다. 이때 '길' 이란 시니피앙은 과거의 '길' 과 다른 시니피에를 모색하게 된다. 현재 중앙로의 '길' 에 내포된 의미를 짐작하려면, 중앙로의 위상이 시대적으로 변화한 모습을 되짚어보면 된다. 중앙로의 위상이 변화함에 따라 중앙로란 '길' 이 갖는 의미도 변화하였음은 명백하다. 과거 시 행정 및 금융의 중심지였던 중앙로에 부여된 현재의 역할은 무엇보다도, 으능정이 거리 문화지대를 경계 지어 주는 것이다.

그런데 현재의 중앙로는 대전만의 특별한 문화적 사건들이 시시때때 일어나는 공간으로 인도하는 중요한 길 역할을 한다. 대전시립미술관 〈프로젝트 2012, 에네르기 전(展)〉 때 대전시가 대흥동 원도심을 전시공간화 시켰던 것만 보아도, 중앙로가 규정해주는 이 문화지대의 위상이 갖는 의미와 중요성을 짐작해볼 수 있다. 현재 중앙로의 '길' 은 역사적 상황에 휩싸인 비애의 감정을 양산하는 길도 아니고, 행정업무를 보기 위해 통과해야만 했던 그 길도 아니다. 이제 그 길은 으능정이 거리에서 구현되고 재현되는 온갖 문화적 제스처와 언표들의 향연에 참여하기 위해 통과해야만 하는 길이다. 이 순간 '길' 은 사람의 이동이 행해지는 공간이라는 본연의 의미를 벗어버리고, "한 사회 또는 사회적 집단에서 나타나는 예술, 문학, 생활양식, 더부살이, 가치관, 전통, 신념 등의 독특한 정신적, 물질적, 지적 특징"[15]을 담아내는 문화의 그릇 역할을 하는 새로운 의미를 갖게 된다. 이제 길은 반드시 이동을 위해 통과해야만 하는 길로서만 존재하지 않는다. 으능정이 거리와 같은 길에선 이동이 목적이 되지 않고 머무는 것이 목적이며, 이동을 정체시키는 것이 목적이기도 하다. 그런데 누군가의 이동을 정체시키려면, 그 사람의 발걸음을 잡아둘 수 있는 동기가 길로부터 발현해야한다. 이때 동기는 길의 새로운 함의가 되는데, 그것은 문화이다.

자본주의 병폐를 비판하는 목소리가 들려오는 21세기 도시에서 문화적 잠재력을 내포한, 대전의 으능정이 거리와 같은 길들이 생겨나고 있다. 이때 '문화' 를 함의의 부분으로 갖는 길의 출현을 통해서 도시의 미래적 전망을 예측해볼 수 있다. '문화' 를 담고 있는 길은 산업발달을 통해 삶의 물리적 질을 향상시키고자 노력해왔던 도시의 초상에서 새로운 이면을 들춰내기 때문이다. 간략히 말해서 문화를 창조하고 재현하고 전시할 수 있는 길들이 생겨남으로써, 자본이 중시되는 도시에서 사람이 중시되는 도시를 꿈꿀 수 있다. 그리고 사람이 중시되는 도시에서, 문화라는 의미를 갖는 길이 많아지고 그 길은 다른 새로운 함의를 잉태하게 된다. 오늘날 대전의 여러 길들은 관례적인 함의 그리고 암울했던 과거의 함의와는 다른 새로운 함의를 구축해나간다. 현재 대전에는 문화의 거리인 으능정이 거리이외에도 과거 길의 함의와 변별되는 함의를 지닌 길들이 있다. 앞에서 말했듯이 일제강점기에 건설된 중앙로가 오늘날 문화라는 새로운 의미를 내포하는 것처럼, 몇몇 길들은 그 본연의 의미에서 벗어나 생태환경과 미래라는 함의를 구축하고 있다. 이를테면, "대전의 산들을 연결하여 시민들이 대전 주변의 산을 한 바퀴 들아보게 하려는"[16] 목적과 함께 2004년에 시작된 〈대전둘레산길잇기〉는 '생태환경' 을 의미하는 길을 탄생케 한다. 대전둘레산길이외에도 대청호 오백리길, 계족산

15 2002년 유네스코가 정의한 '문화' 의 의미.

16 〈대전둘레산길〉 안내도의 글 인용.

황톳길은 현재 생태환경이란 의미를 앞세우는 길들이다.

길이 갖는 새로운 함의는 지난 세월동안 현대산업문명의 첨단에 오르기 위해 한국사회가 추구하였던 인공적인 급박함에 대한 반작용을 보여 준다. 오늘날 최첨단 과학문명 덕분에 정보의 홍수 속에서 살아가는 우리들은 여전히 속도와 과잉의 시대에 속해 있지만, 이따금씩 결핍과 느림의 세상을 꿈꾸기도 한다. 그리고 그 꿈을 실현할 수 있는 공간이 실재하는 도시야말로 사람이 중심이 되는 도시인 것이다. 결핍과 느림을 향유하며 고대그리스의 견유주의 철학자들의 발걸음을 흉내내볼 수 있는 곳이 생태환경의 길이며, 이 길이 곧 대전이란 도시의 미래적 전망을 보여줄 것이다. 즉, 생태환경의 길을 걸으며, 시를 읊고, 자연을 관찰하는 것이야말로 인류의 복합적인 공간, 도시를 잘 살아갈 수 있는 방법이 될 것이다.

4. 결론

인류의 발걸음이 분주하게 움직이면서 만들어졌던 길은 단순히 수월한 이동을 위한 공간이었을 테지만, 오랜 세월동안 진행된 인류의 전진은 길의 의미를 변화시킨다. 다시 말하자면, 길은 표면적으로 사람이 이동하는 공간이라는 단순한 의미만으로 인식되어 왔다. 그런데 사회와 그 구성원들이 성장하고 발전해감에 따라 길은 단순한 의미체계를 버리고 복잡한 의미체계를 취하게 된다. 이제 길은 이동의 공간이라는 단순성을 갖지 않는다. 21세기의 길은 문화, 생태환경, 미래 혹은 박애, 자비, 사랑 등등 많은 의미를 갖는 함의를 구축하고 있다.

때문에 본 연구는 대전이라는 21세기 최첨단과학도시를 가로지르는 몇몇 길들을 연구사례로 들어, 오늘날 길은 전통적인 의미로서의 길이 아니라 온갖 문화적 열망들이 꿈틀거리는 길로, 자본주의 병폐에 저항하는 참살이의 환경조성 길로, 한 도시의 미래적 전망을 담는 상징적 길로 향하고 있음을 확인해 보았다. 이를 위해서 길에 대한 해석을 사회과학적이거나 도시공학적인 관점에서 벗어나 길을 인문학적 혹은 문화적 관점에서 적용해 보았다. 그 과정을 통하여 대전의 몇몇 길들이 갖는 함의가 복합적인 의미체계로 이야기될 수 있음을 이해하였다. 한국철도의 중심부 역할을 하는 철길의 건설과 함께 탄생한 도시라는 역사성을 극복하고, 오늘날 문화, 생태환경, 미래라는 함의를 구축한 길들을 통해 대전이란 도시에 내재한 문화적 잠재력을 엿볼 수 있었다.

따라서 현대적 대전의 실존성에는 일종의 역사적 트라우마가 깔려 있다고 볼 수 있는데, 대전을 가로지르고, 둘러싸고 있는 여러 길들에 대한 인문학적 고찰을 통해서 그 역사성을 극복하고, "삶이 재미있고 풍요로운 도시, 전통과 다양한 문화의 도시, 과학의 도시 미래의 도시" 로서의 미래적 전망을 기대할 수 있다. 길을 잃는다는 것은 인문학적 전통에서 보면 '미궁' 을 헤매는 것이고 그것은 곧 죽음으로 연결된다. 반면에 길을 찾는다는 것, 길을 만들어 나간다는 것은 바로 삶을 의미하며 희망의 삶으로 나가는 것이기 때문이다.

참고문헌

게오르규 짐멜, 김덕영 옮김, 『짐멜의 모더니티 읽기』, 새물결, 2006

기형도, 「길 위에서 중얼거리다」, 『입 속의 검은 잎』, 문학과지성사, 1991

대전광역시사편찬위원회, 『대전의 산천과 길 제1-2권』 (대전역사총서 제7집)

박찬인, 『그때 그길』, 궁미디어, 2010

백제문화재연구원, 『대전의 산성 분포조사』, 2012

송형섭, 『새로 보는 대전 역사』, 도서출판 나루, 1993

이수광, 『경부선, 눈물과 한의 철도 이야기』, 효형출판, 2010

이용상 외 공저, 『한국 철도의 역사와 발전 I』, 북갤러리, 2013

정지용, 『백록담』 (한국대표시인 초간본총서), 열린책들, 2004

정지용, 『정지용시집』 (한국대표시인 초간본총서), 열린책들, 2004

최인훈, 『바다의 편지』, 삼인, 2012

존 쇼트, 백영기 옮김, 『인간의 도시』, 한울, 2000

찰스 랜드리, 임상오 옮김, 『창조도시』, 해남, 2005

최문휘, 「역사이야기 - 되돌아본 대전 100년, 지난 이야기 1900-1920」, 『토마토』 (2010년 7-10월호)

크리스토프 라무르, 『걷기의 철학』, 개마고원, 2007

프레데리크 그로, 이재형 옮김, 『걷기, 두발로 사유하는 철학』, 책세상, 1999

Homère, Odyssée, Poche, 1999

Rimbaud, Arthur, *Illuminations*, Poche, 2010

09

중구 문화거리 활성화 어떻게 할 것인가?

전창곤(대전 프링스문화원장)

1. 들어가는 말
2. 실제
3.어떻게 할 것인가?

‖ 대전 원도심, 문화예술의 개성을 찾아 나서다 ‖ 09

중구 문화거리 활성화 어떻게 할 것인가?

전창곤(대전 프랑스문화원장)

1. 들어가는 말

중구를 포함한 원도심의 활성화계획은 시의 핵심기능이 서구 둔산지역으로 이전한 지난 30여년간 원도심 거주민들과 지자체들의 지대한 관심사였다. 행정적, 경제적 서비스의 과도한 쏠림현상은 결국 일부시민들에게 사회적 불평등을 야기하는 시점에 까지 이르고, 매번의 지방선거에서 많은 후보자들이 한 목소리로 원도심 활성화를 자신들의 핵심공약사업처럼 내세웠던 것도 이러한 현상의 반증이라 할 수 있을 것이다. 실체적 방안으로 그동안 어떠한 일들이 실행되었는지 살펴보자.

거대한 구조물의 건설(목척교, 스카이로드 등…), 연례적인 도로개선공사, 재래시장 현대화사업, 구 충남도청 활용계획, 정기적인 토요마당, 오늘 현안인 문화의 거리 조성사업 등등 원도심의 공동화를 저지해 보려는 시도들은 헤아릴 수 없을 정도이다. 이 모든 일들이 각기 원도심의 재생을 위해 일조를 하고 있는 점은 인정하더라도 이 모든 사업들이 시민들의 막대한 세금이 투여되는 만큼 그 효용성에 대한 반성은 필수불가결한 절차일 것이다.

목척교의 상징성과 외형과의 괴리, 어떤 논리로도 설명하기 힘든 스카이로드 건설, 방문객들의 유입과는 상관없이 진행되는 거리조성, 시설개선에만 고착된 재래시장 개선책, 유일하게 시민대학의 존재가 인기척을 느끼게 하는 불 꺼진 도청관사, 너무나 통속적인 토요마당, 문화가 아니라 유흥의 거리라 불려야 마땅할 문화의 거리 등등 최초의 의도와 투여된 예산과 그 예상된 결과와의 비교는 때때로 참담한 지경이다. 물론 많은 이해 당사자들이 연루된 각종사업에서 행정 당국의 역할이 한정적일 수밖에 없음을 충분히 이해하더라도 때로는 다분히 정치적인 결정이 결과의 파행을 초래하고 있음은 30여년이 지난 지금에도 원도심 활성화가 현안일 수밖에 없는 큰 이유 중의 하나이다.

2. 실제

거대담론에서 벗어나 우리 문화원이 위치한 대흥동의 한 거리 얘기를 해보자. 6년 전에 이 거리에 자리 잡은 우리 문화원은 주위의 다른 기관(중구 문화원)이나 다양한 가게들과 함께 주민들에게 다양한 서비스를 제공하기 위해 동분서주해왔다.(파워포인트 자료 참조) 이곳에 자리 잡은 이유는 첫째는 당시만 해도 월세를 감당할 수 없는 경제적 이유도 있었지만, 길 건너 구역이 문화와 별 관련 없는 유흥의 거리로 변하고 있다는 판단 하에서다. 문화에 대한 낭만적이고 고급적인 편견에서라기보다는 아무리 수요자가 우선인 사회에서라도 네온사인의 현란함과 알코올로 유발된 즉흥과 표피적인 쾌락만이 난무하는 공간에서 우리들의 작업은 무의미하기 때문이기도 했다. 우리도 마찬가지지만 주위의 가게들도 매상과 비례하는 거리의 적막감에 길들었고 대전고 쪽의 아파트단지가 완성되면 좀 나아지겠지 라는 희망도 가지곤 했었다. 물론 이런 희망이 현실화되기 위해서는 거리의 정돈된 모습도, 거리를 구성하는 가게들의 다양성도 전제가 되어야 할 것이다. 최근 2~3년간 열병처럼 번진 원룸 건축붐은 이 거리에서도 예외가 아니다. 수십 년간 공터로 방치된 땅이나 수려한 정원으로 도시민들의 시선을 사로잡던 주택들이 이 열병의 희생양이 되었다. 열병에는 여전히 상처가 남듯이 이 우후죽순의 원룸들의 공실율을 생각하면 향후 시내 다른 지역에서 벌어진다는 게토화가 의심될 정도이다.

최근 구청의 지중화사업으로 우리 거리가 깨끗하게 단장했다. 전선의 철거, 도보이동을 우선한 도로포장, 가로등의 설치 등 시민들의 편익과 유입을 장려하는 인프라가 구축된 셈이다. 그렇지만 최초의 의도와 달리 변경된 최종안은 반절쯤의 성공이라고 밖에 할 수 없을 것이다. 주민들의 민원에 밀려 변경됐다지만 도보로의 축소, 자동차들의 쌍방향 운행 결정은 현재 이 거리를 불법적인 거대한 주차장으로 둔갑시킨 꼴이다. 주차공간을 미리 확보하지 않은 채 기존 주차공간의 일방적인 폐쇄 결정은 이런 현상을 충분히 예견 했을 텐데도 말이다.

거리의 치장에서도 아쉬움은 여전히 남는다. 어떠한 의견수렴 과정을 거쳐 이런 공공 치장재들이 결정되는지는 모르지만 하이텍 디자인의 가로등 밑에 놓여진 화강암 화분들은 부조화의 극치를 보여주는 것 같고, 요란한 조명의 분수대 위 스테인레스 구조물에 새겨진 세종대왕 한글 창제문의 서문 반복은 게으름 외에는 달리 설명할 길이 없을 것, 대로 곳곳에 설치된 조명들은 거리의 한가로움을 깨는 사족이라는 것은 나만의 생각은 아닐 것이다.

3. 어떻게 할 것인가?

이런 여러 가지 문제점들은 물론 관계자 여러분들이 미리 파악한 사안일 것이고 여러 주민들의 이해관계가 충돌하는 만큼 조정하기가 어려울 것이라는 것도 충분히 짐작한다. 그렇지만 도시의 구성은 한번 결정되면 향후 수십 년간 변경할 수 없는 중차대한 사안이라는 점을 고려한다면 도심의 모든 리모델링사업에는 공무원들의 선제적인 주민 설득작업이 절대적일 수밖에 없다. 원룸 창궐 현상에도 사유재산의 권리행사에 우리가 어떻게 개입할 수 있겠느냐 라는 원론적이고 수동적인 태도에서 벗어나 현재는 비록 그것이 수도권지역에 국한되어 있더라도 삼청동이나 홍대인근 사례를 들어 현재 모습의 유지가 잠재적으로는 동네의 경쟁력의 근간임을 설득할 수 있는 비전을 제시할 수 있어야 한다.

모든 문화의 출발점에는 한 개인이 있을 뿐이다. 중구 문화거리의 활성화에도 과대한 관주도의 사업이나 특정한 문화단체들과의 한시적 사업들은 문화예술의 진정한 토양을 형성하지 못한다. 관의 지원이, 곧 세금의 지원이 특정한 개인들에게로 향할 수 없다는 지당한 얘기들만 내세우지 말고 다양한 아이디어를 가지고 이 동네에 정착하려는 젊은이들을 실체적으로 지원할 수 있는 방안들을 연구하여야 한다. 현재 젊은이들의 취업난을 고려한다면, 이들의 창업을 지원하는 한편 문화예술의 거리에 젊은 상상력을 수혈하는 일거양득의 효과를 가져 올 수 있을 것이다. 모든 지원에 책임을 묻는 구조를 만들 수 있다면, 지금까지의 면피용 나눠주기 지원을 지양해 창업하는 젊은 예술가들을 지원하는 방안들을 시급히 모색해야 한다.

문화 예술의 거리라 명명했다고 문화의 거리가 되는 건 아니다. 마찬가지로 무슨 경제개발 5개년 계획처럼 단시간에 성취할 수 있는 것도 아니다. 우리 모두 조급함을 버리고 각 시기마다 할 수 있는 일을 하기만 하면 된다. 인터넷과 평생교육의 확장으로 개개 시민들의 문화와 지식, 삶의 다양한 양태에 대한 욕구는 커가기만 한다. 이들의 욕망을 면밀하게 파악하는 게 관의 역할이고 함께 일하는 문화, 사회단체들의 역할이다. 각설이 타령이나 조악한 수제 악세서리 판매대의 나열이 문화의 전부가 아니라는 것쯤은 이제 대부분의 대전 시민들이 익히 아는 사항이다.

중구 문화거리 활성화 어떻게 할 것인가?

원도심 활성화

- 중구를 포함한 원도심의 활성화계획은 시의 핵심기능이 서구 둔산지역으로 이전한 지난 30여년간 원도심 거주민들과 지자체들의 지대한 관심사.
- 행정적, 경제적 서비스의 과도한 쏠림현상은 결국 일부시민들에게 사회적 불평등을 야기하는 시점에 이름.

그동안의 시도들…

- 거대한 구조물의 건설(목척교, 스카이로드등...),
- 연례적인 도로개선공사,
- 재래시장 현대화사업,
- 구 충남도청 활용계획,
- 정기적인 토요마당,
- 오늘 현안인 문화의 거리 조성사업 등등

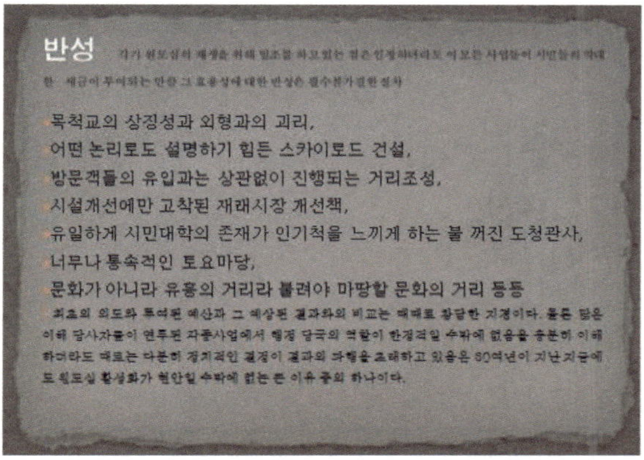

대전 알리앙스 프랑세즈

af

Alliance Française Daejeon

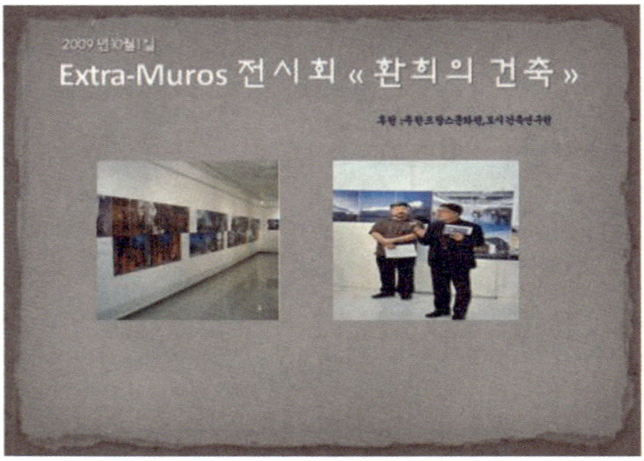
2009년10월1일
Extra-Muros 전시회 « 환희의 건축 »

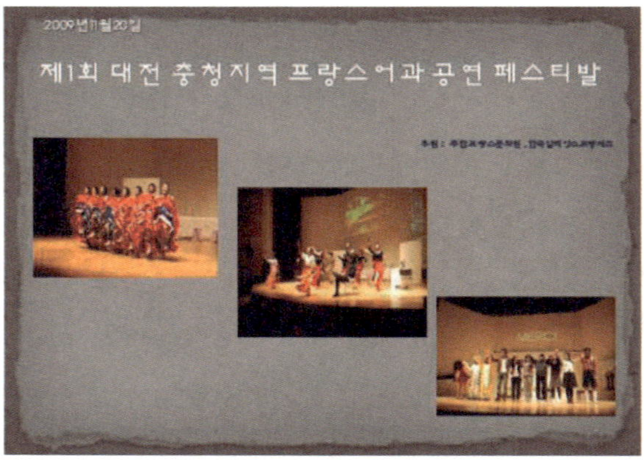
2009년11월20일
제1회 대전 충청지역 프랑스어과공연 페스티발

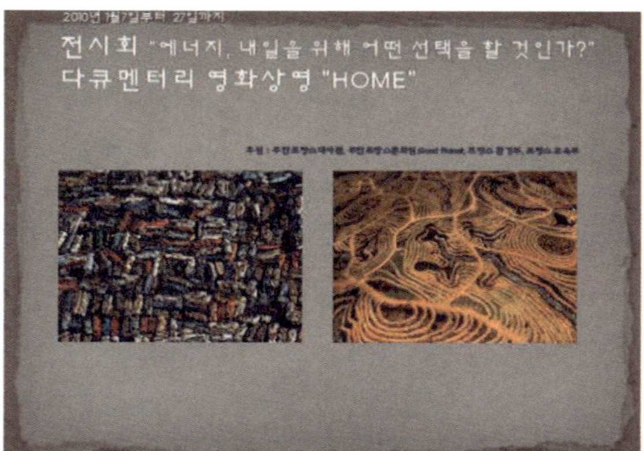
2010년 1월7일부터 27일까지
전시회 "에너지, 내일을 위해 어떤 선택을 할 것인가?"
다큐멘터리 영화상영 "HOME"

2010년 3월18일부터 31일까지
정미정 展
"이동하는 연극적 자아"

전시회 «Paris la métisse»

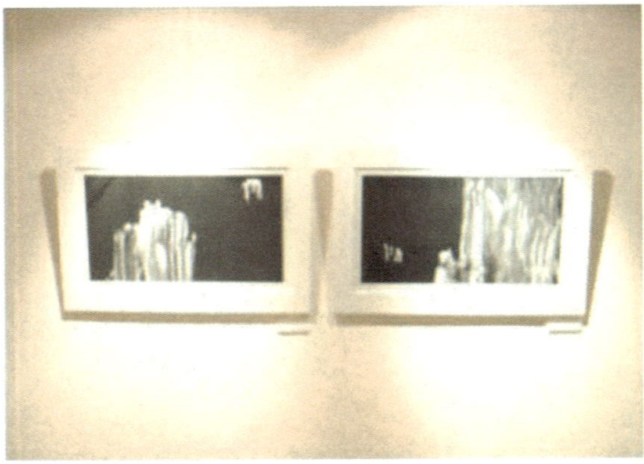

2010년 5월19일부터 6월2일까지
전좌빈 박상조 展

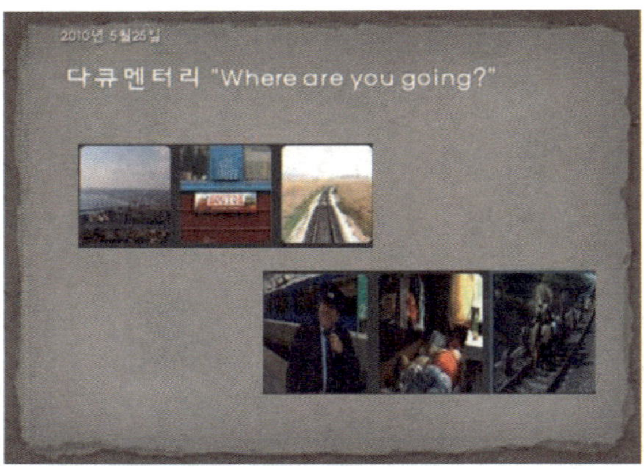
2010년 5월25일
다큐멘터리 "Where are you going?"

2010년 3월18일부터 31일까지
정미정 展
"이동하는 연극적 자아"

전시회 «Paris la métisse»

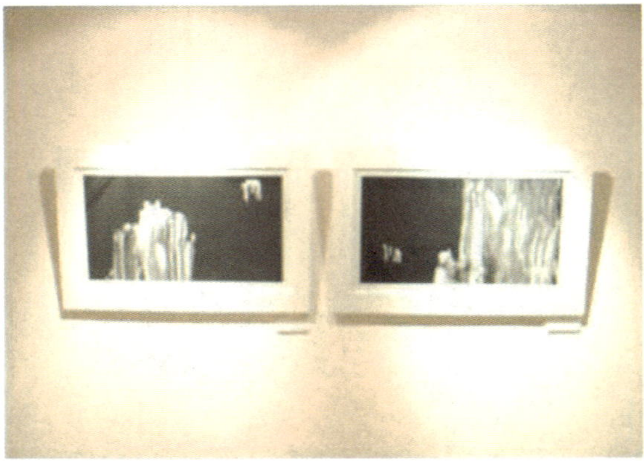

2010년 5월19일부터 6월2일까지
전좌빈 박상조 展

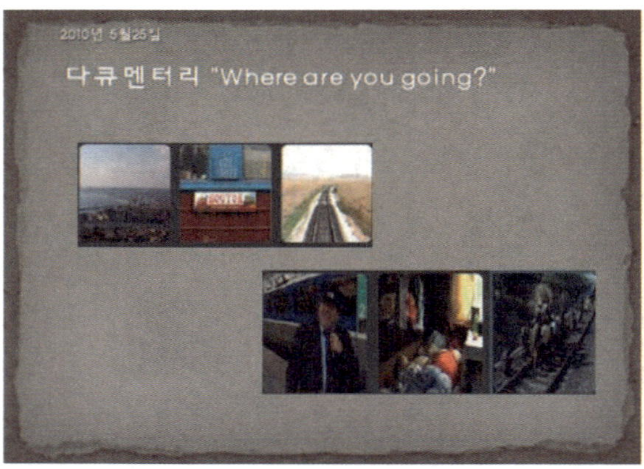
2010년 5월25일
다큐멘터리 "Where are you going?"

2010년 5월25일
소프라노 권성아
"달빛이여" 프렌치 뮤직 콘서트

2010년 6월25일부터 16일까지
이원경展

2010년 6월4일
론썸 프렌치카우보이 "인터액티브 콘서트"

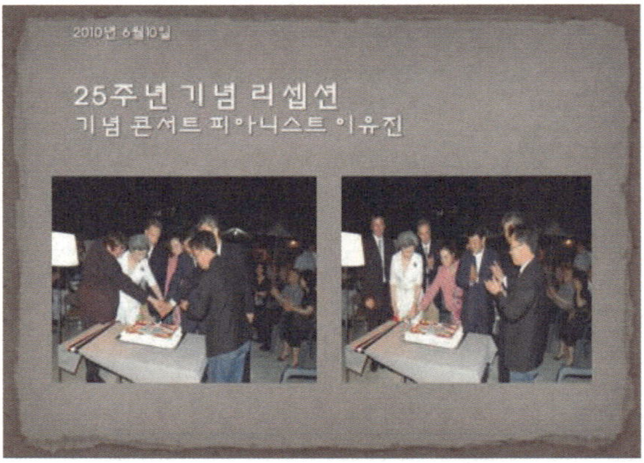
2010년 6월10일
25주년 기념 리셉션
기념 콘서트 피아니스트 이유진

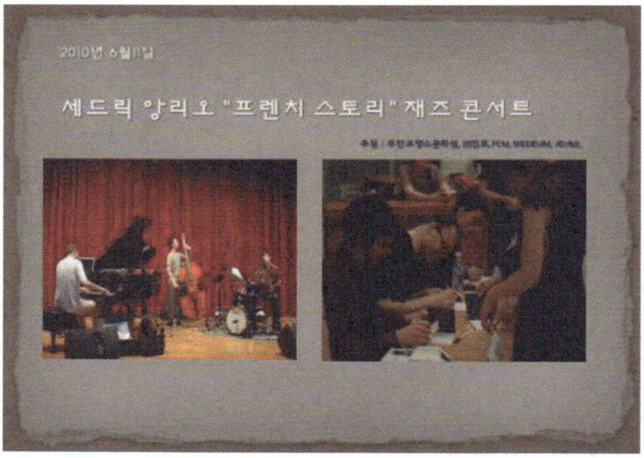
2010년 6월11일
세드릭 앙리오 "프렌치 스토리" 재즈 콘서트

2010년 5월25일
소프라노 권성아
"달빛이여" 프렌치 뮤직 콘서트

2010년 6월25일부터 16일까지
이원경展

2010년 6월4일
론썸 프렌치카우보이 "인터액티브 콘서트"

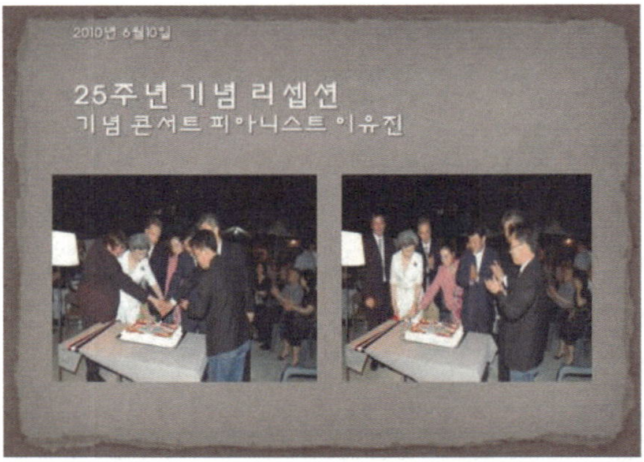
2010년 6월10일
25주년 기념 리셉션
기념 콘서트 피아니스트 이유진

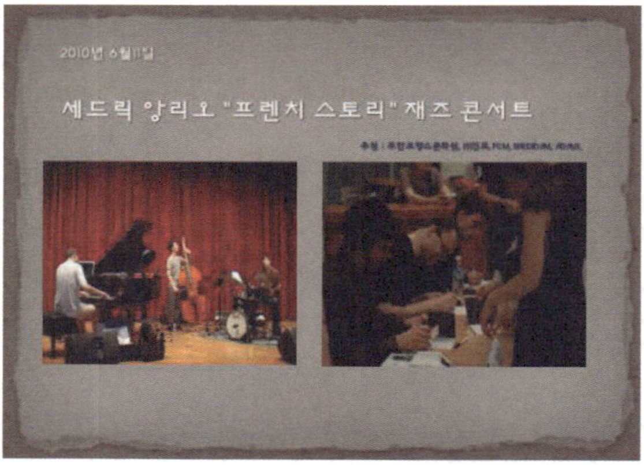
2010년 6월11일
세드릭 앙리오 "프렌치 스토리" 재즈 콘서트

2010년 6월18일
소프라노 이연자 피아니스트 곽미현 리사이틀

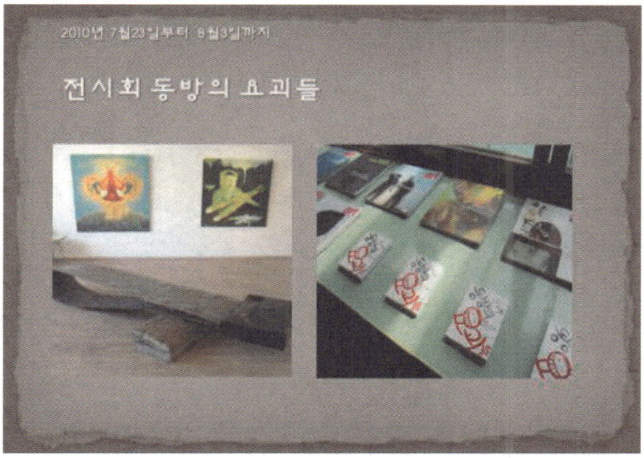
2010년 7월23일부터 8월3일까지
전시회 동방의 요괴들

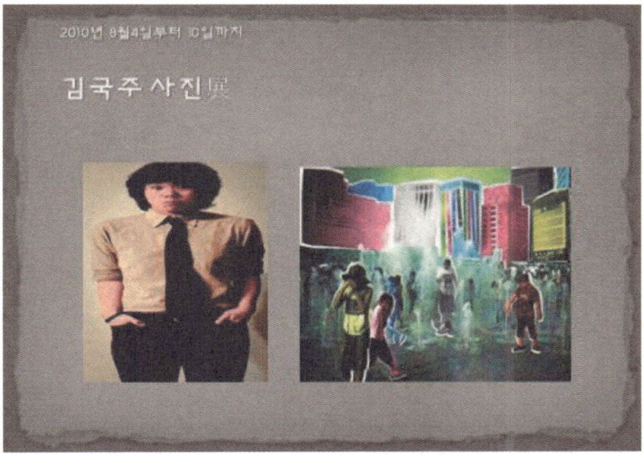
2010년 8월4일부터 10일까지
김국주 사진展

2010년 8월3일부터 15일까지
전시회 "파리의 보행자"

2010년 8월11일부터 20일까지
텍스트 이마고展

2010년 8월24일
깐띠아모 연주회

2010년 9월2일부터 15일까지
방송의 날 기념
김점석 방송자료 소장전

2010년 9월11일
바리톤 정경의 스토리 텔링 콘서트

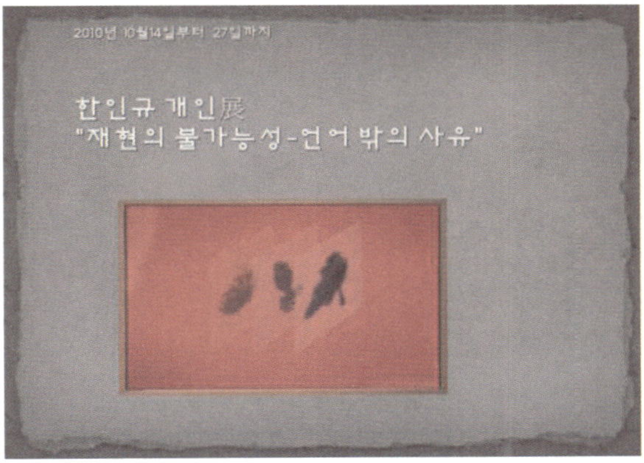
2010년 10월14일부터 27일까지
한인규 개인展
"재현의 불가능성-언어 밖의 사유"

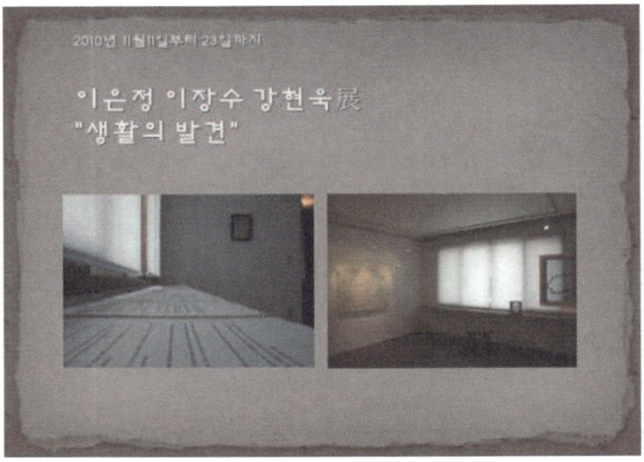
2010년 11월11일부터 23일까지
이은정 이장수 강현욱展
"생활의 발견"

2010년 11월19일
보졸레누보의 밤

2010년 11월20일
정음의 달콤한 가을 콘서트

2010년 11월25일부터 12월8일까지
송병집展

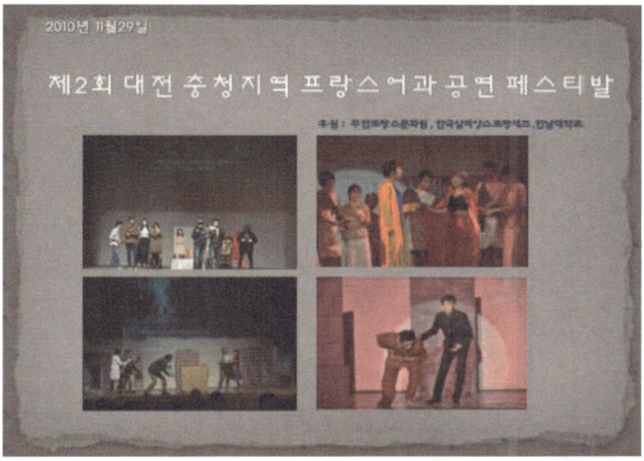
2010년 11월29일
제2회 대전 충청지역 프랑스어과 공연 페스티발

2010년 12월9일 부터 15일까지
이시우 평화사진
하루 찻집

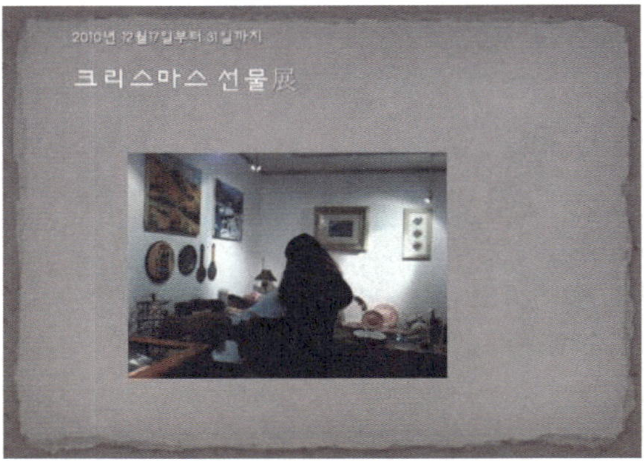
2010년 12월17일부터 31일까지
크리스마스 선물展

2011년 1월25일,26일
Dominique A KBS "뮤직스케치" 녹화
충남대 국제정심화홀 콘서트

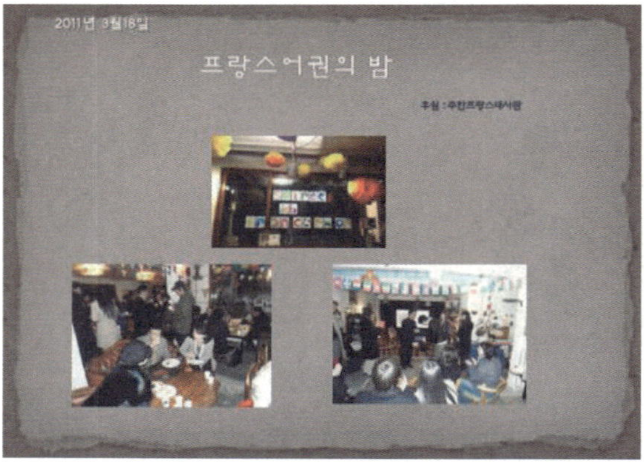
2011년 3월18일
프랑스어권의 밤

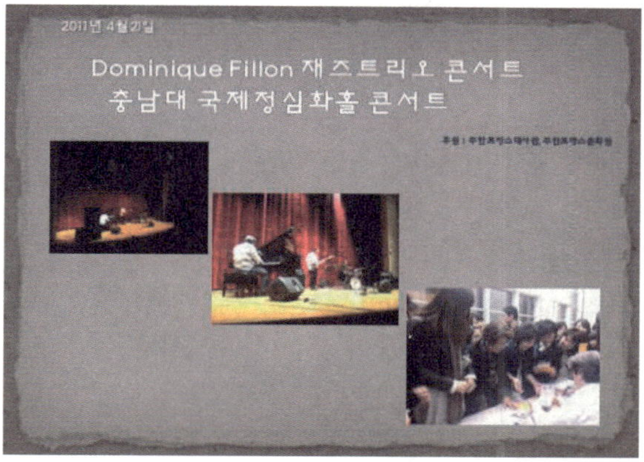
2011년 4월21일
Dominique Fillon 재즈트리오 콘서트
충남대 국제정심화홀 콘서트

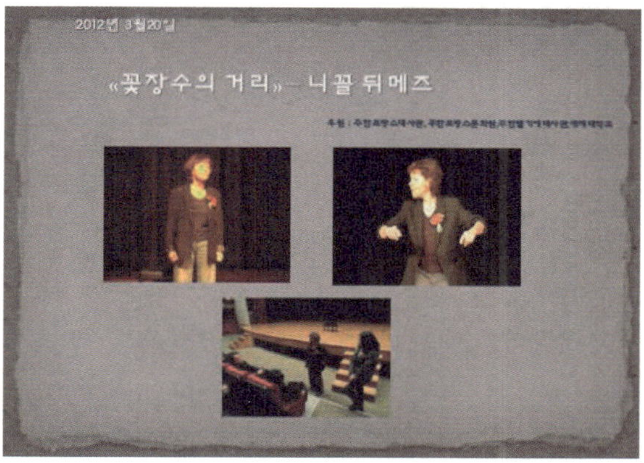
2012년 3월20일
«꽃장수의 거리» – 니꼴 뒤메즈

2012년 3월23일
프랑스어권의 밤 «Yakeen 콘서트»

2012년 9월 14일
Trio Dirty Blend 트리오 더티블렌드

2012년 10월 18일
Jim Snider Quintet 재즈 콘서트

2012년 11월 22일
대전, 충청지역 프랑스어문학과 공연 축제

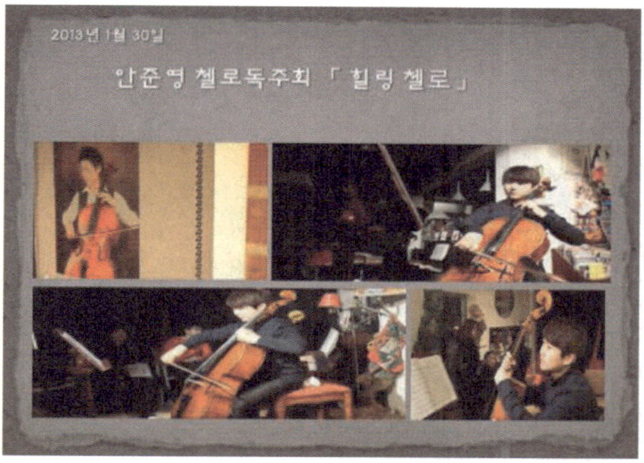
2013년 1월 30일
안준영 첼로독주회 「힐링 첼로」

2013년 6월 12일
프랑스음악 축제 l 「그룹 미러필드 콘서트」
MIRRORFIELD
MIRROR FIELD
REBEL SOUL

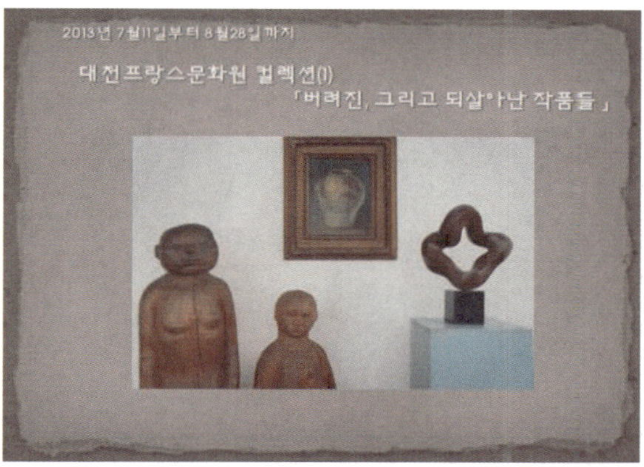
2013년 7월11일부터 8월28일까지
대전프랑스문화원 컬렉션(I)
「버려진, 그리고 되살아난 작품들 」

2013년 10월17일부터 10월23일 까지
그림을 그리는 사이 展

2013년 11월28일
제5회 대전,충청지역 프랑스어과 공연 축제

2013년 11월28일
제5회 대전,충청지역 프랑스어과 공연 축제

2014년 7월3일부터 7월16일까지
"몸과가구" 줄리앙스피와크

2014년 9월18일부터 10월1일까지
"결혼사진으로보는 프랑스 현대 사회상"

2014년 9월25일부터 10월8일까지
"시간,공간 그리고 기억" 김일주개인

2014년 11월21일
보졸레 누보의 밤

대로 곳곳에 설치된 조명들은 거리의 한가로움을
깨는 사족

| 대전 원도심, 문화예술의 개성을 찾아 나서다 |

10

'대전유학'의 인문정신을 찾아서

-17세기 대전의 유학자를 중심으로-

황의동(충남대학교 철학과 명예교수)

‖ 대전 원도심, 문화예술의 개성을 찾아 나서다 ‖ 10

'대전유학'의 인문정신을 찾아서*
-17세기 대전의 유학자를 중심으로-

황의동(충남대학교 철학과 명예교수)

1. 시작하는 말

유학은 본래 인문정신을 추구한다. 유학은 오랜 역사 속에서 인간의 존엄에 대한 자각, 인간존재에 대한 내면적 탐구, 인간 삶에 대한 성찰, 인간이 추구해야 할 가치의 인식 등 인문학적 성찰에 매진해 왔다. 무엇보다 유학은 '인간과 사회'에 관해 깊은 관심을 갖는다.[1] 유학은 신도 아니고 자연도 아니고 '인간' 그리고 그들이 더불어 살아가는 '사회' 에 대해 늘 고민하고 걱정해 왔다. 이런 점에서 유학은 그 자체가 인문학적 성격이 매우 깊다. 현대사회는

* 이 글은 2014 제3회 세계인문학포럼(2014.10.13-11.01, 대전컨벤션 센터)에서 "17세기 대전유학의 인문학적 탐구" 라는 주제로 발표한 내용을 수정, 보완한 것임.

1 유학은 '인간'과 그들이 모여 사는 '사회'를 항상 근심하고 걱정한다. 유학의 관심사는 신도 아니고 자연도 아니다. 이는 유학의 경전 속에 일관되게 드러나 있는 것이며, 특히 『大學』은 유학의 범주를 修身, 齊家, 治國, 平天下로 규정하고 있는 것이다.

첨단 과학기술의 발달로 편리를 추구하고 물질적 풍요를 누리며 산다. 경제적 가치는 가장 중시되는 가치이며, 이것은 세계의 보편적 현상이다. 또 나라마다 부국강병을 추구하고 實利와 효율이 중시되고 있다. 이런 와중에서 인간은 소외되고 정신적 가치, 도덕적 가치는 경시되고 있다. 성과와 효율이 중시되고 물질적 이익이 중시되는 상황에서 인문정신은 메말라가고 인간 삶의 근본을 되돌아보지 않을 수 없는 상황에 직면해 있다.

본고는 이러한 인문학적 위기에서 유학의 인문정신을 통해 전통적 가치의 중요성과 그 의미를 새롭게 인식하고자 한다. 대전은 오늘날 과학기술의 도시, 교통의 도시, 행정의 중심도시이지만, 한편 역사적으로는 17세기 기호유학의 중심지였다 해도 지나치지 않는다. 대전은 역사적으로 수많은 유학자들이 생장하고 활동했던 공간이지만, 특히 17세기는 대전의 유학자 宋時烈(尤庵, 1607~1689)[2], 宋浚吉(同春堂, 1606~1672)[3], 權得己(晩悔, 1570~1622)[4], 權諰(炭翁, 1604~1672)[5], 尹鑴(白湖, 1617~1680)[6] 등이 활동했던 무대였다. 송시열, 송준길, 권시는 金集[7], 李惟泰[8]와 더불어 이른바 '密旨 五臣'[9]으로 초빙될 만큼 당시 재야의 유학자로서 존경을 받았다.

17세기는 병자호란의 수모를 겪고 명분과 실리의 기로에서 심각히 고뇌했

---

2 송시열은 17세기 조선의 유학자로서 율곡학파의 정통을 계승하고 있으며, 병자호란 후 효종과 함께 청나라에게 당한 부끄러움을 갚고자 앞장섰다. 특히 그는 윤리의 정립과 정의사회의 실현에 많은 관심을 갖고 노력하였다.

3 송준길은 17세기 조선의 유학자로서 송시열과 함께 율곡학파의 중심적 위치에 있었다. 그는 예학에 조예가 깊었고 기호예학과 영남예학의 소통에 가교적 역할을 하였다.

4 권득기는 권시의 부친으로 17세기 조선의 유학자이다. 그는 기호남인계열로서 우계학파에 속하기도 한다. 사변적인 성리학보다도 마음공부를 중시하였고 실천적 학풍에 주력하였다.

5 권시는 권득기의 아들로 부친의 학문적 영향을 많이 받았다. 송시열, 송준길, 이유태, 윤선거 등과 친밀하게 지냈으며, 부친의 영향을 받아 공정한 마음과 실천을 중시하는 학풍을 강조하였다.

6 윤휴는 17세기 조선의 유학자로서 비교적 진보적인 학자였다. 특히 그는 유학의 경전을 독자적으로 해석하여 송시열 등 다른 유학자들로부터 많은 비판을 받았다.

7 김집은 김장생의 아들로 송시열, 송준길, 이유태, 윤선거 등 호서유학자들을 가르쳤다. 특히 그는 부친의 예학을 이어받아 조선예학의 학문적 체계화에 크게 기여하였다.

8 이유태는 17세기 조선의 유학자로서 김장생, 김집에게서 배웠다. 그는 성리학, 예학에도 밝았지만 특히 율곡의 실학을 계승하여 유학의 실천과 현실적 적용에 많은 관심을 가졌다.

9 효종은 청나라의 침략을 받자 원수를 갚기 위해 전쟁을 준비하였는데, 이를 위해 비밀리에 당시 학자로서 존경받던 김집, 송시열, 송준길, 이유태, 권시를 조정으로 불러 상의하였는데 이들 5명의 유학자들을 말한다.

던 시대였으며, 다른 한편으로는 학문과 정치가 밀접히 연관되어 당파와 학파의 갈등과 대립 그리고 경쟁을 통해 조선유학이 다양한 모색을 하는 그러한 시기이기도 했다. 이 시대를 대표하는 송시열의 '정직 함', '義理', 송준길의 '禮', 권득기, 권시 부자의 '옳음을 추구함(求是)[10]', '공평한 마음(公心)[11]', '공평한 도리(公道)[12]'를 중심으로 17세기 대전유학의 인문정신을 현대적으로 탐색해 보고자 한다. 17세기 대전유학을 대표하는 송시열, 송준길, 권득기, 권시 부자의 유학사상을 중심으로 인문학적 관점에서 현대와 접목해 논구해 보고자 한다.

2. 17세기 '대전유학'의 인문정신

1) 尤庵 宋時烈의 '정직 함', '의리'

송시열은 율곡-김장생[13]을 잇는 율곡학파의 정통이며 文廟에 받들어진 '우리나라의 18현인[14]'의 한 사람이다. 그는 17세기 조선조 역사에서 정치적으로나 학문적으로 매우 중요한 위치에 있어 '大老', '泰山喬嶽', '宋子[15]'로 추앙되었다. 그는 영남 퇴계학파의 도전에 대해 율곡 성리학을 지키는데 앞장섰던 성리학자였고, 禮 논쟁의 주역이면서 스승인 김장생, 김집의 예학을 충실히 계승한 예학자이기도 했다. 더욱이 그는 효종의 믿음아래 淸나라를 쳐서 원수

10 '옳음을 구한다'는 의미

11 공정한 마음을 의미

12 공평한 도리를 의미

13 김장생(1548~1631)은 율곡의 대표적인 제자로서 조선의 예학의 발전을 위해 힘썼다.

14 한국의 유학자 가운데 학문과 도덕이 훌륭해 성균관 문묘에 모신 18명의 유학자를 말한다. 유학자들의 여론을 수렴하고 온 나라의 공론을 모아 국가가 정식으로 승인하였는데 이를 매우 영광스럽게 생각하였다.

15 이는 모두가 우암 송시열의 학문과 위치를 높이 칭찬한 말인데, 큰 산과 고목처럼 학둔과 인격이 뛰어나고, 당시 정치적으로나 학문적으로 지도적 위치에 있었으며, 공자, 맹자와 같이 그를 '宋子'로 높여 불렀다.

를 갚는데 앞장섰으며 평생 의리의 선양과 실천에 모범을 보였다.

그러므로 한말 田愚(艮齋, 1841~1922)[16]는 「五賢粹言序」에서 靜庵[17]의 材志, 退溪[18]의 德學, 栗谷[19]의 理氣, 沙溪[20]의 禮教, 尤庵의 義理를 특징적으로 들고 추앙하였다.[21] 이처럼 송시열은 의리라는 측면에서 다른 유학자들과 차별화되고 그의 특성으로 평가되어진다.

송시열의 일생은 의리의 실천으로 일관되었다. 그는 윤휴의 경전 해석을 주자학에 대한 도전으로 간주하고 斯文亂賊[22]으로 징벌했으며, 윤휴의 편을 들었던 尹宣擧, 尹拯 부자[23]에 대해서도 異端을 물리친다는 입장에서 단호히 비판하였다. 그는 역사상 도학과 의리를 실천한 인물들을 현창하는데도 앞장섰다. 예를 들면 고려 충절의 상징인 鄭夢周[24]의 비문을 지었고, 死六臣[25]의 비석을 세워주었다. 또 조광조의 비문을 지어 주고, 을사사화 때 억울하게 죽은 宋麟壽[26]의 비문을 써 주었다. 임진왜란 때 순절한 의병장 趙憲[27]의 문집을 간

16 간재 전우는 19세기 조선의 대표적인 유학자로서 조선 성리학의 심화에 큰 업적을 남겼다. 당시 민족적 위기에서 그는 직접·현실에 참여하지 않고 소극적인 자세로 오로지 유학의 연구와 교육에 전념하였다.

17 정암은 16세기 조선의 유학자 조광조(1482~1519)의 호이다. 그는 젊은 나이에 등용되어 중종의 사랑을 받고 개혁정치를 주도하다가 반대파의 모함으로 사형을 당하였다. 그는 학문과 도덕의 모범이 되어 당시 많은 사람들의 존경을 받았다.

18 퇴계는 16세기 조선의 유학자 이황(1501~1570)의 호이다. 그는 율곡과 함께 조선 성리학을 대표한다. 성리학의 한국화에 선구적 역할을 했고 윤리적 입장에서 理를 중시하는 철학풍을 열었다.

19 율곡 이이(1536~1584)는 퇴계 이황과 더불어 조선을 대표하는 유학자이다. 그는 16세기 조선 성리학의 심화에 크게 기여했으며 理와 氣의 조화를 추구하였다. 아울러 그는 성리학과 함께 실학을 겸비하였고 투철한 현실인식을 가지고 개혁의 청사진을 제시하였다.

20 사계는 17세기 조선의 유학자 김장생의 호이다.

21 『艮齋集』, 前編, 卷16, 「五賢粹言序」, “愚嘗妄謂以靜庵之材志 有退溪之德學 契栗谷之理氣 循沙溪之禮教 立尤庵之義理焉 則其於爲人 可謂幾乎聖者矣.”

22 斯文亂賊이란 유학을 어지럽히는 적이란 뜻인데, 17세기 윤휴가 유학의 경전을 자신의 입장에서 독자적으로 편집하고 해석하자 송시열이 이를 비판한 말이다.

23 노서 윤선거(1610~1669)와 명재 윤증(1629~1714)은 부자간으로 17세기 조선의 유학자이다. 이들은 충남 논산 지역 출신으로 우계학파의 중심적 인물이다. 실천을 중시했고 성리학의 이론적 연구보다 마음 공부에 관심이 많았다.

24 포은 정몽주(1337~1392)는 고려 말의 유학자로서 이성계가 혁명으로 조선을 건국하려 하자 이를 반대하다가 암살당하였다.

25 사육신은 조선 초 수양대군이 어린 조카 단종의 왕위를 빼앗으려 하자, 목숨을 바쳐 싸우다 죽은 6명의 신하들을 말한다.

26 규암 송인수(1487~1547)는 16세기 조선의 유학자로 간신배들의 모함으로 억울하게 죽었다.

27 중봉 조헌(1544~1592)은 율곡 이이의 제자로서 1592년 일본이 침략하자 이들과 맞서 싸우다 죽었다.

행하고, 그의 行狀과 墓表를 쓰고 그의 비를 세워주기도 했다. 또 의병장 張潤, 포수 李士龍, 의사 金聲遠, 金宗胤의 전기를 썼다. 특히 충무공 李舜臣[28]의 戰勝碑文을 쓰고, 權慄[29] 장군의 비문을 썼다. 또한 병자호란[30] 때 '싸워야 한다'는 주장에 앞장섰던 三學士[31]와 林慶業[32]의 전기를 쓰고, 金尙憲[33]의 墓誌銘과 墓表를 쓰기도 했다.

송시열은 '나라가 숭상하고 장려해야 할 것은 오직 도학과 절의라'[34]하고, 의리를 숭상하고 이익을 버리는 '정의를 숭상하는 세상(尙義之世)[35]'을 염원하였다.

韓元震[36]은 "우암의 학문은 주자를 으뜸으로 삼고 의리는 춘추를 잡았다. 절의를 숭상하고 邪說을 막아 효종의 '천리를 밝히고 인심을 바르게 한다(明天理正人心)'의 부탁을 저버리지 않았다."[37]고 평가하였고, 金昌協[38]은 "우암이 평생 잡고 지킨 것은 그 대강이 넷이 있으니, 편파적인 말, 음탕한 말을 막아 세 성인을 계승하는 것, 절의를 숭상하여 東周를 높이는 것, 징계를 엄격히 해 윤리 기강을 세우는 것, 鄕愿[39]을 미워해 바른 길을 돌이키는 것이다"[40] 라고 평가하였다. 이처럼 송시열의 학문이나 그의 삶에서 의리라는 가치는 매우 중요한 것이었다.

---

28 이순신(1545~1598)은 16세기 조선의 해군 장수로서 1592년 일본이 쳐들어오자 이들과 맞서 싸워 나라를 구하였다.

29 권율(1537~1599)은 16세기 조선의 장군으로 1592년 일본군의 침략을 맞아 용감히 싸웠다.

30 병자호란은 1636년 청나라가 조선을 침략한 사건을 말한다.

31 당시 청나라의 침략을 받고 조선이 청나라와 전쟁을 할 것인가 협상을 해야 할 것인가를 놓고 의견이 나뉘었을 때 싸워야 한다고 강경한 주장을 했던 윤집, 홍익한, 오달제 세 사람을 말한다.

32 임경업(1594~1646)은 17세기 조선의 장수로서 병자호란 때 크게 활약을 했다.

33 청음 김상헌(1570~1652)은 17세기 조선의 유학자로 병자호란 때 청나라와 싸워야 한다는 주장에 앞장섰던 인물이다.

34 『宋子大全』, 附錄, 卷6, 「年譜」, 42年, 己酉, 先生 63歲 條, "先生又進曰 國家之所崇奬 惟在道學與節義."

35 『宋子大全』, 卷5, 「己丑封事」.

36 남당 한원진(1682~1751)은 율곡학파의 중심인물로 18세기 조선의 저명한 유학자이다.

37 『宋子大全』, 附錄, 卷19, 「記述雜錄(韓元震)」, "尤翁學宗朱子 義理春秋 崇節義 闢邪說 以不負孝廟明天理正人心之託."

38 농암 김창협(1651~1708)은 17세기 조선의 저명한 유학자이다.

39 지식과 실천이 일치하지 않은 사이비 유학자

40 위의 책, 附錄, 卷19, 「記述雜錄(金昌協)」, "……爲尤翁平生所執守者 其大綱有四焉 曰距詖淫以承三聖也 曰崇節義以尊東周也 曰嚴懲討以扶倫紀也 曰惡鄕愿以反正經也."

그런데 그의 의리사상은 인간 내면의 정직과 깊은 연관을 갖는다. 송시열은 1689년 83세의 나이로 정읍에서 운명할 때 문인 權尙夏[41]에게 "공자, 맹자 이래 서로 전해 온 것은 오직 이 한 直 한 글자 뿐이며, 주자도 세상을 떠날 때 문인들에게 고별한 것도 이를 벗어나지 아니하였다"[42]고 유언하였다.

송시열은 사사로운 이익에 대한 의리를 강조하여 정의가 이익을 이기면 잘 다스려지는 세상이 되고 이익이 정의를 이기면 혼란한 세상이 된다 하고, 정의를 숭상하고 이익을 버릴 것을 강조하였다. 따라서 『大學』을 인용하여 '이익으로써 이익을 삼지 말고 정의로써 이익을 삼아야 한다' 하였다.[43] 이와 같이 송시열은 앞에서는 이익을 사사로운 이익으로 해석하여 정의를 강조하지만, 뒤에서는 정의에 기초한 이익을 이상으로 삼는 것이다. 결국 송시열은 정의를 해치고 방해하는 장애가 사사로움 내지 人欲에 있다고 하여, '개인의 사사로움을 버리고 천리를 회복할 것(去己私 復天理)'을 주장하고, 이들은 서로 없어지고 자라는데 국가의 다스려짐과 혼란함 그리고 편안함과 위태로움이 여기에 관계된다 하였다.[44]

또한 정의란 天理의 공평함이고 이익이란 人欲의 사사로움이므로, 天理를 좇으면 이익을 구하지 않아도 저절로 이롭지 아니함이 없고, 인욕을 좇으면 이익을 구해도 얻지 못하고 자신을 해침이 따르게 되는 것이라 하였다.[45]

이렇게 볼 때, 송시열의 의리사상에서 제기되는 여러 가지 용어들 즉 直, 義, 理, 道, 氣는 상호 깊은 연관성을 갖는다. 정직함은 인간의 본심이요 본질이며, 그것은 天理에 근본한다. 天理가 인간에게 주어진 것이 정직 함 그 자체

41 수암 권상하(1641~1721)는 17, 8세기 조선의 대표적인 유학자로 송시열의 제자이다.

42 『宋子大全』, 附錄, 卷11, 「年譜」, 62年, 己巳, 先生 83歲 條, "孔孟以來相傳 惟是一直字 而朱子臨終所以告門人者 亦不外此矣."

43 『宋子大全』, 卷5, 「己丑封事(小註)」, "臣又按 先儒有言 義勝利者爲治世 利克義者爲亂世…唯在殿下尙義棄利以先之也…大學曰 不以利爲利 以義爲利."

44 『宋子大全』, 卷16, 「進修堂奏箚」, 辛酉, "然如欲有爲 則不在他求 實在於去己私復天理而已 己私天理相爲消長 而國家治亂安危係焉."

45 『宋子大全』, 卷19, 「歲正陳戒請宥羅良佐疏」, "朱子推演其說曰 義者 天理之公也 利者 人欲之私也 循天理 則不求利而自無不利 循人欲 則求利未得而害己隨之."

라 할 수 있다. 그리고 정직 함은 송시열에 의하면 道義로도 통용되는데, 그것은 일상생활의 윤리를 떠나지 않는데 三綱五常이야 말로 가장 큰 것이라 한다. 만약 이것을 버린다면 소위 道가 과연 어찌 道가 될 수 있겠느냐 반문하는 것이다.[46]

그런데 義란 인심의 보편성으로 理라고도 할 수 있다.[47] 義는 인간의 천부적 본질로서 인간 자체에 내재하는 것이다.[48] 義란 인심에 근본하고 天理의 자연에 근본하는 것이므로 直과 다를 바 없다. 그리고 直은 道요 道義요 義는 性이 心에 갖추어진 것이므로 理와 다를 바 없는 것이다. 다시 말하면 天理가 인간에게 주어졌을 때 그것이 바로 直이요 道요 義요 理라 할 것이다. 송시열에 의해 공자, 맹자, 주자, 김장생으로 이어 온 直은 義 내지 義理의 개념으로 전환됨을 알 수 있다. 그런데 義는 일면 인간의 본질로서 존재론적 의미를 갖는 동시에 일면 인간의 본질대로 살아야 한다는 당위적 의미를 갖는다. 義는 理를 좇는 것으로[49] 실천적 성격을 갖는다.[50] 따라서 관직에 나아가고 물러나는 도리는 의리를 좇는 것이 가장 중요하다 하겠다.[51]

이와 같이 송시열에 있어서는 義는 곧 直인 동시에 理였던 것이며, 또 道로도 통용되었던 것이다. 따라서 義는 義理로, 道義로도 표현되었음을 알 수 있다. 그리고 義는 일면 存在之理로, 일면 當爲之理로 해석되는데, 이는 程子. 朱子의 이론에 근거하는 것이다. 즉 理는 사물의 당연한 도리요 義는 일의 합당한 곳이라는 주자의 말이나, 사건에 있어서는 理가 되고 물건에 처해서는 義가 된다는 程子의 말에서 연유하는 것이다.[52]

---

46 『宋子大全』, 卷39, 「答權思誠」, "所謂道者 不離乎人倫日用之中 而三綱五常 最其大者也 若果置此 則其所謂道者果何道耶."

47 『孟子』, 「告子 上」, "心之所同然者何耶 謂理也義也."

48 『宋子大全』, 拾遺, 卷9, 「經筵講義」, "故曰義以方外 此則其義之形於外者言也 非義之本在外也."

49 『荀子』, 「議兵篇」, "義者循理."

50 『荀子』, 「大略篇」, "義理也 故行."

51 『宋子大全』, 卷28, 「答金由善」, "蓋聞出處之道 只看義理者上也."

52 『朱子四書語類』, 朱熹撰, 卷46, 「孟子9」, "理只是事物當然底道理 義是事之合宜處 程先生曰 在物爲理 處物爲義."

2) 同春堂 宋浚吉의 '禮'

禮는 유학의 중요한 덕목이지만 17세기 조선조 유학은 특별히 禮學을 요청해 왔다. 그것은 임진왜란을 겪고 이어 청나라의 침략으로 병자호란을 겪게 되었다. 전쟁이란 국토의 황폐화 뿐만 아니라 인심의 황폐화를 가져오게 마련이다. 더욱이 이 시대는 광해군의 패륜으로 지도층의 윤리도덕이 문제가 되어 유교사회의 심각한 균열을 초래하고 있었다. 아울러 거듭되는 기근과 재앙으로 민생이 위기를 맞고 이괄의 난 등 사회적 혼란이 윤리강상의 위기로 이어지는 때였다.

이러한 시대적 배경에서 새로운 사회질서의 확립과 인간주체의 윤리질서를 세워야 한다는 시대적 요청에 의해 예학이 대두되었는데, 대전을 중심으로 한 호서지역은 그 중심이었다. 이 때 조선예학의 형성을 주도한 것은 기호학파의 정맥인 17세기의 호서 예학파였다.[53] 율곡의 수제자인 김장생은 그 아들인 김집과 함께 연산에서 강학을 하고 송시열, 송준길, 이유태, 윤선거, 兪棨[54] 등 훌륭한 유학자들을 배출하였다. 이들은 모두 성리학, 예학, 경학에 밝았지만 여기서는 송준길을 중심으로 예학의 인문학적 의의에 관해 고찰해 보고자 한다. 김장생은 송준길을 평하여 "이 사람이 훗날 반드시 예학의 으뜸이 될 것이다"[55] 라고 평가했고, 송준길은 이러한 기대에 부응하여 당대 예학을 대표하는 위치에 있었다.[56]

그는 45세 때 스승인 金長生과 申義慶이 지은 『喪禮備要』[57]를 교정하였고, 김장생의 『疑禮問解』[58]의 경우 전체 예 문답의 44%가 송준길에 의해 제기되

53 한기범, 「동춘당 송준길의 예학사상」, 『동춘당 송준길 연구』, 경인문화사, 2007, 182쪽.

54 시남 유계(1607~1664)는 17세기 조선의 유학자로 예학에 밝았다.

55 『同春堂 年譜』, 18세 조.

56 현상윤, 『조선유학사』, 민중서관, 1948, 180쪽.
이병도, 『한국유학사』, 아세아문화사, 1987, 296~311쪽 참조.

57 조선시대 김장생의 친우인 신의경이 쓴 예학서인데, 뒤에 김장생, 김집이 수정 보완하였다.

58 조선시대 김장생이 제자들과 예에 관해 문답한 것을 기록한 책

고 있다.[59] 또 김집의 예문답서인 『疑禮問解續』[60]에는 그가 질문한 예 문답 16조항이 수록되어 있다. 송준길은 禮治주의의 기본서로서 또한 『家禮』[61]외에 『儀禮經傳通解』[62]를 중시하였는데, 『儀禮經傳通解』는 주자가 만년에 심혈을 기울인 禮書였다. 특히 송준길은 장인인 鄭經世[63]의 예학까지도 수용하여 17세기 호서예학과 영남예학의 교류에도 기여하였다. 이처럼 송준길은 예학에 있어 탁월한 업적을 남겼고 이 분야에 장점이 있었다. 이제 예학에 담긴 인문학적 의의에 관해 검토해 보기로 하자. 『禮記』[64]에서 禮는 理라고 하고,[65] 또 이치의 바꿀 수 없는 것[66]이라 하였다. 또한 荀子[67]는 義를 禮라 하였고,[68] 韓非子[69]도 禮를 義의 표현이라 하였다.[70] 이렇게 볼 때 禮란 理라고도 할 수 있고 義라고도 할 수 있는 것이다.

또한 宋代 朱子[71]는 禮를 '天理의 節文이요 人事의 儀則'[72]이라 해석하였는데, 節이란 마디 지음이며 文이란 꾸밈이다. 禮란 마디를 짓고 그에 알맞게 꾸미는 것이다. 마디를 짓는 것은 구별, 차별, 차등의 의미로서 구체적으로는 친하고 멀고, 높고 낮음의 구별을 말한다. 따라서 禮는 우주자연의 이치를 마디로 구별하여 형식화 한 것이라 할 수 있고, 이를 본받아 인간이 지켜가야 할 규범

---

59 한기범, 「동춘당 송준길의 예학사상」, 『동춘당 송준길 연구』, 경인문화사, 2007, 200쪽.

60 조선시대 김장생이 편찬한 『의례문해』를 아들인 김집이 보완해 엮은 책

61 중국 송나라의 유학자 주희가 일상적인 예의에 관해 쓴 책으로 조선의 예학에 크게 영향을 미쳤다.

62 중국 송나라의 유학자 주희가 유교의 경전인 『예기』와 기타 예에 관한 서적을 참고해 편찬한 책.

63 우복 정경세(1563~1633)는 16, 7세기 조선의 저명한 유학자로 예학에 밝았는데 송준길의 장인이다.

64 예학의 대표적인 경전으로 중국 고대 예에 관한 학설을 종합한 책이다.

65 『禮記』, 「仲尼燕居篇」.

66 『禮記』, 「樂記篇」.

67 순자(기원전 313경~기원전 238경)는 중국 전국시대의 대표적인 유학자로 성악설을 주장하고 예치의 이론을 전개하였다. 특히 그는 시대적인 한계를 뛰어넘어 과학적이고 합리적인 사고를 하였으며, 인간의 능력과 역할을 매우 강조하였다.

68 『荀子』, 「大略篇」, "義 禮也."

69 한비자(?~기원전 233)는 전국시대 말기의 대표적인 법가 사상가이다.

70 『韓非子』, 「解老篇」, "禮者 義之文也."

71 주희(1130~1200)는 중국 송나라의 대표적인 유학자로 성리학을 종합적으로 체계화 시켰다. 그의 성리학은 조선시대 유학에 많은 영향을 미쳤다.

72 『論語』, 「學而篇」, 朱子註, "禮者 天理之節文 人事之儀則也."

으로 만든 것이다. 荀子는 禮를 인간이 다른 동물과 차별화되는 조건으로 인식하여 다음과 같이 설명하였다.

> 사람이 사람이 되는 것은 다만 두 발이 있고 털이 없기 때문이 아니라, 변별함이 있기 때문이다. 무릇 금수에게도 부자는 있으나 부자의 親함은 없으며, 암수는 있으나 남녀의 분별은 없다. 인도에는 변별이 없는 것이 없으니, 변별은 분별보다 큰 것이 없고 분별은 禮보다 큰 것이 없다.[73]

그는 인간이 다른 동물과 다른 점을 변별성에서 찾고, 그 변별, 구분은 禮보다 더 큰 것이 없다고 하였다. 인간이 왜 만물의 영장이고 왜 존엄한 존재인가라는 물음에 대해 순자는 예로써 응답한 것이라고 볼 수 있다. 인간은 예로써 수많은 인간관계를 질서지우고 구별함으로써 인륜의 질서를 확립하고 나아가 사회질서와 기강을 세울 수 있다고 본 것이다.

또한 '禮는 자신을 낮추고 상대방을 존중하는 것'[74]으로 설명되기도 한다. 이는 예의 본질적 목적과 기능을 설명한 것으로 예의 궁극적인 목적은 상대의 인격을 존중하는데 있음을 말한 것이다. 우리는 예를 통해 상대방을 인간적으로 대하는 것이며, 예를 통해 피차의 인간존엄을 지켜갈 수 있는 것이다. 예의 이러한 기능은 본고가 논의하고자 하는 인문정신의 중핵을 잘 설명해 준다고 볼 수 있다.

이제 송준길의 예론을 통해 그 속에 담긴 인문학적 정신을 검토해 보기로 하자. 그는 말하기를, "보고 듣고 말하고 행동함이 하늘에 합하면 이것이 소위 禮다. 자기의 사사로움을 이기고 버리면 행동이 하늘의 법칙에 합해서 본심의 덕이 온전해진다."[75]고 하였다. 송준길은 인간이 보고 듣고 말하고 행동

---

73 『荀子』, 「非相」, "人之所以爲人者 非特以其二足而無毛也 以其有辨也 夫禽獸有父子 而無父子之親 有牝牡 而無男女之別 故人道莫不有辨 辨莫大於分 分莫大於禮."

74 『禮記』, 「曲禮 上」, "夫禮者 自卑而尊人."

75 『同春堂年譜』, 戊申, 41年 先生 63歲, "先生講克己復禮之義 曰視聽言動合於天 則乃所謂禮也 克去己私 則動合天則而本心之德全矣."

하는 모든 것이 하늘 즉 우주자연의 이치에 합하면 그것이 곧 예라고 하였다. 앞에서 주자가 예를 우주자연의 이치를 인간의 질서로 만든 것이라 설명한 바 있는데, 마찬가지로 그도 禮를 天人合一, 자연과 인간의 합일이라는 측면에서 이해하였다. 따라서 인간의 禮란 자연의 질서, 우주의 이법과 부합하는 데서 그 의미를 찾을 수 있다. 자연에 맞는 인간의 행위야 말로 이상적인 것이며 이는 다름 아닌 예의 온전한 실천이라고 할 수 있다.

또한 송준길은 자기의 사사로움을 이기고 버리면 행동이 하늘의 법칙에 합해서 본심의 덕이 온전해진다고 하였다. 이는 『論語』의 '이기적인 자신을 이겨 예를 회복함(克己復禮)'를 설명한 것으로 자기의 사사로움을 이기고 예로 돌아가면 仁이 실현된다는 말이다. 같은 맥락에서 그는 "天理를 한 치 키우면 곧 人欲은 한 치 소멸되고, 인욕이 한 푼 자라나면 곧 천리는 한 푼 소멸된다."[76]고 하여, 천리와 인욕을 상대적 관점에서 이해하였다. 결국 禮란 天理에 맞는 것이요 천리를 잘 보존하고 지키는 것이다. 그러므로 만약 천리에 반하고 천리에 거슬리면 그만큼 인욕이 성대해져 예에서 멀어지게 되는 것이다.

또한 송준길은 『논어』의 공자 말을 빌어 정치적인 명령이나 형벌로 정치를 하게 되면 백성들은 벌을 면하려고만 하고 죄에 대한 부끄러움은 없게 된다고 보았다. 따라서 德과 禮로써 정치를 해야 죄에 대한 부끄러움도 갖게 되고 바르게 될 수 있다 하였다. 그리고 그는 이에 대한 주자의 해석을 인용하여 德과 禮는 정치가 나오는 근본이고, 德은 禮의 근본이라 하였다.[77]

이는 송준길이 정치의 본질을 德과 禮로 규정하고 이를 통한 德治를 설명한 것이다. 그는 주자의 말을 인용하여 德과 禮는 정치가 나오는 근본이고 德은 禮의 근본이라 하였다. 송준길은 공자의 말을 인용하여 능히 예의와 양보로써 한다면 나라를 다스림에 무슨 어려움이 있겠느냐 하고, 예의와 양보로

76 『同春堂續集』, 戊申, 11月 19日, "天理長一寸 則人欲滅一寸 人欲長一分 則天理滅一分."

77 『同春堂集』, 卷1, 「應旨兼辭執義疏」, "孔子曰 道之以政齊之以刑 民免而無恥 道之以德 齊之以禮 有恥且格 朱夫子釋之曰 政者 爲治之具 刑者 輔治之法 德禮所以出治之本 而德又禮之本也."

써 나라를 다스릴 수 없다면 禮는 해서 무엇 하느냐 하였다. 또 『禮記』의 말을 인용하여 "禮가 다스려지면 나라가 다스려지고 예가 어지러우면 나라도 어지러워지며, 예가 있으면 나라도 있고 예가 없으면 나라도 없다"고 하였다. 따라서"위로는 임금으로부터 아래로는 백성에 이르기까지 상하가 모두 예를 숭상하고 공경과 양보하는 미덕이 홍행하면, 조정과 시골에서 날마다 쓰는 언행이 예로 말미암지 않음이 없게 된다" 하였다.[78] 이는 송준길이 공자의 말을 빌어 禮讓의 정치를 강조한 것인데, 法治나 覇道와 구별하여 德治 내지 禮治를 정치의 이상으로 설명한 것이다. 송준길은『禮記』의 말을 인용하여 "禮가 다스려지면 나라가 다스려지고 예가 어지러워지면 나라도 어지러워지며, 예가 있으면 나라도 있고 예가 없으면 나라도 없다"하였다. 결국 예는 국가 흥망성쇠의 관건이 되는 것이라 할 수 있다. 송준길이 추구하는 禮讓의 정치, 예양의 사회는 위로는 임금으로부터 아래로는 백성에 이르기까지 모두가 예를 숭상하고 공경과 양보하는 미덕이 홍행하면, 조정은 물론 먼 시골구석까지 백성들이 날마다 쓰는 언행이 예로 말미암지 않음이 없게 된다는 것이다.

이를 통해 우리는 송준길이 추구한 禮의 인간, 禮의 사회, 禮의 문화, 禮의 정치가 무엇인가를 짐작할 수 있다. 禮는 인간의 본질인데 그것은 天理의 소산이다. 우주자연의 이치가 인간의 본성 내지 본심으로 주어진 것이며, 이것이 인간 삶의 윤리로 사회적 질서로 규정된 것이다. 그러므로 禮는 일면 인간의 존재원리로서 인간의 본질이요 본심이지만, 그것이 사회적, 정치적으로 실현됨에는 당위원리로서의 예의윤리로 나타나는 것이다. 禮는 인간이 다른 동물과 차별화되는 조건이 되며, 인간의 존엄, 인간의 가치를 실현시키는 수단이요 방법이라고도 할 수 있다. 그리고 인간사회에서 법이나 폭력 등 강제에 의한 질서유지가 아니라 인간 내면에 자리한 도덕적 양심의 자발성에 의한 사회질서의 유지라는 점에서 그 가치가 크다. 따라서 인간이 예를 지키고

78 『同春堂集』, 卷1, 「謝特賜儀禮經傳通解及圖疏」, "且嘗聞之 孔子之言曰 能以禮讓 爲國乎何有 不能以禮讓爲國 如禮何 記曰 禮治則治 禮亂則亂 禮存則存 禮亡則亡…上下崇禮 敬讓興行 朝廷閭巷 日用云爲 無不由禮."

예의 문화를 지켜간다는 것은 인간의 격을 높이는 길이며, 문명과 야만을 구분하는 하나의 척도가 된다고 볼 수 있다. 송준길이 추구한 예의문화, 예의 정신은 오늘날 이 시대가 당면한 인간성의 상실, 윤리적 위기, 법치 만능의 문제를 해결할 수 있는 대안을 제시해 준다. 인간존엄의 실현, 인간다움의 성취, 인간다운 삶의 구현이라는 인문정신의 뿌리를 유교의 예에서 찾을 수 있을 것이다.

3) 晩悔 權得己, 炭翁 權諰 부자의 '求是', '公心', '公道'

權諰는 부친 權得己(晩悔, 1570~1662)와 부친의 친우이면서 처삼촌인 朴知誡(潛冶, 1573~1635)로부터 배웠다. 권득기는 숙부인 權克中으로부터 배웠는데 그는 成渾[79]의 문인이다. 이런 점에서 이들은 남인계열이지만 학둔적으로는 牛溪學派에 속한다고 볼 수 있다.[80] 권시는 당시 호서사림을 대표하는 송시열, 송준길, 이유태, 윤선거, 유계 등과 친밀하게 교유하였고 남인계의 윤휴, 許穆과도 소통하고 지냈다. 권시는 부친 권득기의 가학을 계승하였고, 그의 학문은 손자인 權以鎭과 사위인 尹拯[81]이 계승하였다. 권시는 17세기 당쟁의 시대에서 비교적 객관적인 입장과 태도를 지키려 노력하였다. 특히 대전지역은 당쟁의 본거지였고 서인 내지 노론계열의 송시열, 송준길과 남인계열의 윤휴가 각축하고 있었다. 여기에 소론계열을 대표하는 윤증이 가까운 논산 노성에 자리하여 송시열과 갈등하고 있었다.

禮 논쟁을 비롯해 송시열과 윤증의 갈등 등 정치적, 학문적, 이념적 갈등과

79 우계 성혼(1535~1598)은 16세기 조선의 대표적인 유학자로 율곡 이이와 성리학에 관해 논쟁을 하였다. 그는 이론보다 실천을 중시하고 마음공부를 중시하였는데, 뒤에 윤황, 윤선거, 윤증 등을 통해 그의 학문이 계승되어 우계학파를 낳았다.

80 황의동, 『우계학파연구』, 서광사, 2005, 209~216쪽 참조.

81 명재 윤증(1629~1714)은 17, 8세기 조선의 대표적인 유학자로 평생 벼슬에 나아가지 않고 재야에서 학문에 증사하였다. 스승인 송시열과 갈등하면서 정치적으로 소론의 지도자가 되었으며 진실한 마음과 실천을 중시하는 학풍을 열었다.

대립이 대전을 중심으로 심각하게 전개되고 있었다. 이 시기에 권시는 당색을 떠나 객관적으로 시시비비를 가리고 공평의 처신을 하고자 노력하였다.

이제 권득기, 권시 부자의 '옳음을 구한다(求是)'는 이념과 공평한 마음(公心), 공평한 도리(公道)를 통해 인문정신의 현대적 의미를 살펴보고자 한다. 권시에게 있어 '옳음을 구해야 한다'는 가르침은 가문의 전통이자 부친 權得己의 유언이나 다름없었다. 권득기는 아들에게 보낸 글에서 다음과 같이 학문의 태도를 당부하였다.

> 내 장차 죽을 때 꼭 너희에게 말하지 못할까 걱정이 되어 이제 한마디 말을 남기니, 너의 가슴속에 모름지기 착한 마음(善心)을 붙일 것이요, 한 터럭의 不善한 마음도 붙이지 말 것이며, 몸으로 모름지기 착한 일(善事)을 실행할 것이요, 한 터럭의 不善한 일도 행하지 말 것이다.
> 그러나 善이란 또한 달리 방법이 없다. 다만 하나의 '옳을 是'字일 뿐이다. 무릇 일에서 만일 극진한 '옳은 곳'에 이르지 못하면 是는 옳지 못한 것이며 착하지 못한 것이다. 그러므로 만약 다시 그 차선책을 생각한다면 곧 옳지 못함으로 떨어지고 만다.[82]

> 다만 일마다에서 반드시 옳은 곳을 구할 것이요, 차선을 찾지 말기를 바란다. 천금같이 자 중하고 함부로 이름을 좇지 말며, 망녕되게 교유하지 말 것이다.[83]

권득기는 아들에게 착한 마음(善心), 착한 일(善事), 착한 행동(善行)을 말하면서 善이란 다른 것이 아니라 옳음(是)에 지나지 않는다 하였다. 만일 일을 함에 있어서 극진한 是處에 이르지 못하면 是는 옳지 못한 것이며 착하지 못한 것이라고 규정하였다. 아울러 그것은 최선이라야지 차선이어서는 결코 안 된다

82 『晩悔集』, 卷5, 「寄次兒싐書」, "我恐將死時 未必與汝有言 故今遺汝一言 汝胸中須着善心 不可着一毫不善心 身上須行善事 不可行一毫不善事 然所謂善者 亦無他法 只是一箇是字而已 凡事若未到極盡是處 卽是不是不善也 故若更思其次 則便陷於不是矣."

83 『晩悔集』, 卷5, 「寄次兒싐書」, "但願每事必求是處 毋尋第二義 以千金自重 不妄逐名 不妄交遊."

하였다. 여기서 권득기는 착함(善)과 옳음(是)을 동일궤에서 해석함을 알 수 있다. 사실 善이란 도덕적 가치이고 是란 진리적 가치를 말하는데, 그는 도덕과 진리가 하나로 회통되고 이해되는 지평에서 말하는 것이다. 이 말은 옳음이어야 도덕적인 善도 가능하다는 말이고, 반대로 옳지 않은 것은 결코 도덕적인 선이 될 수 없다고 본 것이다.

권시는 부친의 말을 인용해 "옳고 그름은 천하의 公論이요, 의리는 사람들이 마땅히 함께 살펴야 하는 것이다. 그러므로 논의는 비록 父子 師弟의 사이라도 구차스럽게 합치할 수는 없는 것이다." 라고 하고, "마음속에 이미 같지 않음이 있는데도 억지로 같이 한다면 이는 스스로 자기의 마음을 속이고 또 친구들을 속이는 일이다"라 하였다. 옳고 그름을 따지는 시비는 천하의 공론이고 의리란 사람이 마땅히 함께 살펴야 하는 것이므로 부모 자식 사이나 스승과 제자 사이일지라도 철저하게 따지고 변별해야지 적당히 미봉해 합일해서는 안 된다 하였다. 마음속에 이미 서로 의견이 다르고 생각이 다른데 겉으로 합일하는 척 하는 것은 자신을 속이고 친구를 속이는 일이라 비판하였다.

17세기 대전을 중심으로 한 당파와 학파간의 논쟁과 갈등은 매우 심각하였다. 특히 송시열, 송준길을 비롯한 서인계와 윤휴, 허목을 비롯한 남인계와의 갈등이 고조되었고, 또한 송시열을 비롯한 노론계와 尹宣擧, 尹拯, 朴世采[84]를 비롯한 소론계의 갈등은 매우 심각하였다. 이런 와중에서 권득기, 권시 부자는 당색을 떠나 객관적인 시비의 변별과 의리 추구에 앞장 섰다.

뒤에 兩宋[85]과 더불어 도의를 익히고 닦으면서 뜻이 같고 道가 합하였으나 크고 작은 논의에서는 역시 다른 데가 많이 있었다. 그의 젊은 제자들의 공격과 배척을 받자 부친은 분개해서 말씀하셨다. "대체 사람이 성인의 경지에 이르렀다면 혹 다르고 같음이 없을 수도 있을 터이지만, 위대한 현인 이하의 경

84 남계 박세채(1631~1695)는 17세기의 대표적인 유학자로서 송시열, 윤증과 더불어 이 시대의 중심적 위치에 있었다. 그는 성리학, 예학에 매우 밝았고 우계학파에 속하였다.

85 송시열과 송준길을 가리킴.

우에는 차이가 없을 수 없다. 이것이 친우가 서로 익히고 닦는 까닭이다. 이제 반드시 논의를 달리하지 않음을 좋게 여긴다면 이는 군자의 참된 교제가 아니요, 곧 소인끼리 서로 도와 잘못을 감추는 무리인 것이다…… 옳고 그름과 다르고 같음은 이미 사람으로서는 없을 수 없는 일인데, 그것을 달리하는 자를 공격한다면 친우들 사이가 마침내 분열되고 말 것이다."[86]

당시 권득기, 권시 부자는 송시열이나 송준길과 서로 친밀히 교우하고 학문을 함께 닦아 대체로는 뜻을 같이 했지만 세부적인 측면에서는 견해를 달리하는 경우가 많았다. 이 과정에서 피차의 논의가 필요하고 토론을 통해 시비를 가리고 의리를 강구해야 하는데, 시비 자체를 꺼리고 토론을 죄악시 하는 것은 옳은 태도가 아니라 비판하였다. 자기와 생각이 다르다 해서 이를 미워하고 공격한다면 이는 진정한 친교의 도리가 될 수 없다 하였다.

그러므로 학문의 도는 다른 것이 아니라 다만 마음에 조금이라도 거짓된 일이 없게 하는 것이며, 한낱 옳음을 구하는 것 뿐이라 하고, 늘 사람으로서 매사에 반드시 옳음을 구할 것이니 차선에 떨어지지 말라 하였다.[87] 이는 부친 권득기의 가르침이면서 동시에 권시 자신의 학문정신이요 진리탐구의 태도였다. 권시는 또 禮 논쟁에 대해서도 송시열과 송준길의 예설을 옳지 않다고 생각하면서도 무서워서 말하지 못하는 실상을 비판하고, 이는 나라를 위해서나 그들을 위해서나 결코 바람직하지 않다고 걱정하였다. 그리고 송시열이 '효종을 庶子라 해도 잘못될 것이 없다'고 한 말은 크게 잘못된 말이라 비판하고, 도리어 尹善道를 '용감히 말하는 선비'라 평가하기도 하였다.[88]

이렇게 볼 때, 권득기, 권시 부자의 옳음을 구하는 정신은 진리탐구의 학문태도를 말한 것으로 현대적으로도 매우 중요한 의의를 갖는다. 17세기 당파

---

86 『炭翁集』, 附錄, 「家狀」.

87 『炭翁集』, 附錄, 「家狀」, "先公少而學於家庭 參判府君 篤於爲己之學 謂學問之道無他 只心要無一毫虛僞 事要求一箇是而已 每令人每事必求是 無落第二義 先公自幼少時 已知爲學之要不可他求矣."

88 『炭翁集』, 卷3, 「論大王大妃服制及尹善道按律疏」

간의 분쟁과 학파간의 갈등이 심화되었던 상황에서 권득기, 권시 부자의 이러한 정신은 매우 합리적인 처방이라 할만하다. 그것은 당파간의 이해나 개인의 선입견, 이해를 떠나 객관적인 진리를 추구하고자 하는 것이기 때문이다. 특히 이들 부자가 유교의 경전이나 성현의 말씀 그리고 주자의 권위에 맹종하지 않고 철저하게 의심하고 묻고 따져서 진리의 본원을 추구하고자 한 그 정신은 매우 소중한 것이며 철학하는 자세와 심법을 그대로 보여준 것으로 평가된다. 권득기와 권시는 옳음을 구하기 위해서 公論의 場이 활발하게 마련되어야 하고, 거리낌 없는 言路가 활짝 열려야 한다고 보았다. 이러한 권득기, 권시 부자의 옳음을 구하는 정신은 이 시대에도 매우 유용한 의미를 갖는다.

'옳음을 구한다'는 이 정신은 학문세계 뿐만 아니라 모든 영역에서 브편적으로 적용 가능하다. 옳음은 진리요 정의요 참이다. 이 보다 더 높은 가치는 없다. 현대사회는 거짓, 부정, 비리, 부실로 인해 인간성이 황폐화되고 사회가 병들어 가도 있다. 학문도 옳음에 근거해야 하고 정치도 진실과 정직에 기초해야 한다. 또 경제도 올바름이 전제되어야 公利로서 선한 가치가 된다. 과학기술도 옳음에 근거해야 하고 올바르게 사용되어야 한다.

또한 권득기, 권시 부자는 공평한 마음과 공평한 도리를 자기 철학의 핵심정신으로 삼고 있는데 이에 관해 검토해 보기로 하자. 권득기는 "군자의 이익은 천하가 공평한 것으로 이익을 삼기 때문에 義라고 한 것이다. 소인의 이익은 자기의 사사로운 것을 이익으로 삼기 때문에 단지 利라고 하는 것이다."[89] 라고 하였다. 사람은 누구나 이익을 좋아하고 손해를 싫어한다. 권득기는 군자의 이익과 소인의 이익을 구별하고, 군자의 이익이란 천하가 공평한 것으로 이익을 삼지만, 소인의 이익이란 사사로운 개인의 이익을 말한다 하였다. 『예기』에서도 '천하가 공평함'인 大同세계를 말하고 있는데, 권득기도 '천하

89 『僭疑』, 卷4, 張1

가 공평한 것'을 이익으로 삼는 군자의 이익을 말하고 있는 것이다.

권득기는 이로움과 해로움, 옳고 그름의 관계를 상관시켜 설명하였다. 나 자신만의 이익을 추구하면 다른 사람에게 손해를 끼치게 된다는 것이다. 또 시비를 가리지 않고 오직 이익만을 다투면 힘으로 싸우고 빼앗는 약육강식의 동물적 사태가 야기된다고 보았다. 그러므로 오직 나의 이기적인 마음을 미루어 남들에게 공공의 것이 되게 하며, 다른 사람들 또한 이와 같이 하면 서로 이로움이 큰데 이것이 곧 義라 하였다. 여기서 이익이 사사로움을 극복하고 공공의 이익으로 나아갈 수 있는 것은 오직 옳음에 있다. 이익이 의리와 조화되고 의리에 맞는 것일 때 이익은 공적인 이익으로 선한 가치를 갖는다.

3. 맺는 말

논자는 이제까지 17세기 대전유학의 인문정신을 우암 송시열의 '義理', '直', 동춘당 송준길의 '禮', 만회 권득기, 탄옹 권시 부자의 '옳음을 구함', '공평한 마음', '공평한 도리'를 중심으로 고찰하였다. 송시열은 평생 의리를 말하고 의리를 실천하였으며, 공자, 맹자, 주자, 김장생으로 이어진 '정직함'을 유언하였다. 송시열의 의리란 인심의 보편성으로서의 정직함에 근거하는 것이다. 물론 의리도 맹자가 말하듯이, 인심의 보편성으로 정의되기도 하지만, 여기서는 인도 내지 윤리의 척도로 해석가능하다. 인간 본심으로서의 정직 함이란 정직한 마음, 진실한 마음을 의미한다. 이 정직 함이 곧 인간이 마땅히 가야 할 길로 의리가 된다고 볼 수 있다. 의리는 다름 아닌 인간의 본성, 본심의 실천이자 구현이다. 정직 함이 의리로 구현되는 것이다.

현대사회는 물질적 풍요속에서도 인간의 불성실, 부정, 비리, 불의로 어두운 그림자가 드리워지고 있다. 또 첨단과학 기술로 편리한 삶을 영위하지만 거짓된 양심과 이기적인 욕심으로 과학기술의 악용이 우리의 미래를 어둡게 한다. 정직, 진실, 올바름이라는 가치는 인문정신의 중핵이 된다. 참, 진실, 정직을 잃게 되면 인간성도 파괴되고 가정도 사회도 국가도 무너진다. 정치도 경제도 교육도 과학기술도 무너진다. 그러므로 현대사회의 문제점을 해결하는 대안으로 이러한 유교의 인문정신은 매우 값진 의미를 갖는다.

또한 송준길은 예학으로 촉망받았고 그의 학문도 예학으로 빛났다. 송준길을 비롯해 김집, 송시열, 권시, 이유태, 윤선거, 윤증, 유계, 윤휴 등에 의해 한 시대를 풍미한 예학은 17세기의 핵심적인 과제요 대표적인 화두였다. 임진왜란, 병자호란의 참화를 겪고 광해군의 패륜으로 정치도의가 무너지고, 가난과 기근으로 민생의 위협속에서 윤리강상의 재건은 시대적 요청이었다. 철학은 시대의 산물이라 하였듯이 예학은 이러한 시대의 요구를 반영한 것이였고, 이러한 역사적 과제를 실천한 주역들이 바로 대전을 중심으로 활동하고 있었다. 禮란 자연의 질서를 본받아 인간의 질서를 규정한 것이다. 예는 인간의 사회적 관계에서 질서를 부여하는 기능을 갖는다. 나와 너, 주객의 관계, 피차의 관계에서 인간의 존엄을 전제로 상대를 배려하고 사랑하는 것이 예라고 할 수 있다. 예는 인간과 다른 동물사회를 비교하는 잣대가 된다. 인간이 만물의 영장으로 자리매김할 수 있는 근거도 예에 있다. 만약 인간이 예를 지키지 못하거나 예를 알지 못하면 동물세계로 전락하게 되고 야만상태를 면치 못한다. 예를 알고 실천하는 데서 인간은 품격이 높여진다.

현대사회는 경제적 가치를 중시하고 과학기술의 편리 속에 길들여져 있다. 물질적 만족속에 예의염치를 잃게 되고 편리함속에서 예의를 망각하기 쉽다. 또한 민주주의라는 미명하에 인간관계에서 예의가 혼동되기도 한다. 예라는 가치는 이 시대에도 유용하다. 예의는 인간의 격을 야만에서 문명으로 높이는 역할을 한다. 현대사회가 안고 있는 윤리적 위기를 해결하는데 있어서 유교의 예문화는 하나의 대안으로 그 의미가 크다.

또한 만회 권득기와 그 아들인 탄옹 권시는 옳음을 구하는 학문태도와 공평한 마음, 공평한 도리를 강조하였다. 옳음을 추구하는 학문태도는 근대정신의 발상이다. 유교경전이나 성현의 권위 또 주자의 권위에 구애받지 않고 오로지 시시비비를 따져 객관적인 진리를 탐구해야 한다는 학문태도는 근대적인 철학정신을 잘 보여주는 것이다. 당시 예 논쟁이나 당쟁의 와중에서 어느 한 편에 치우치지 않고 오로지 '옳음'이라는 진리의 척도를 추구한 것은 합리적인 학문태도를 잘 보여준 것이다. 아울러 이러한 옳음을 구하는 방법으로 公論의 과정과 활짝 열린 言路의 개방을 주장한 것도 매우 의미가 크다.

또한 그 옳음의 근거로서 공평한 마음의 주체 확립을 강조하고, 공평한 도리의 실천을 강조한 것은 현대적으로도 그 의미가 크다. 권득기, 권시 부자는 인간의 보편심으로서의 仁을 공평한 마음으로 해석하였다. 공평한 마음은 진실한 인간의 보편심이고 사사로움을 극복한 사랑의 마음이다. 나와 남을 구별하지 않고 주체와 객체, 나와 대상이 회통하는 큰 사랑이요 공평한 마음이다. 이 공평한 마음으로 사물을 대하고 사회를 경륜하는 것이 곧 공평한 도리다. 현대사회는 옳고 그름보다 이익과 손해를 더 중시하는 세상이다. 이익을 보기 위해 옳고 그름을 돌아다보지 않는다. 자신만의 이익을 위해 남을 해치고 사회의 공익을 저해하기도 한다. 권득기와 권시가 강조한 옳음을 추구함, 공평한 마음, 공평한 도리는 이 시대가 당면한 제 문제 해결에 실마리를 제공해 준다. 우리는 혼자 사는 세상이 아니다. 지구촌의 인류가 더불어 살아가는 글로벌시대를 살고 있다. 공평한 마음, 공평한 도리는 개인의 욕구를 넘어 하나가 되고 나라의 경계를 넘어 하나가 되는 大同의 철학이며 王道의 철학이다.

결론적으로 송시열의 '정직 함', '義理', 송준길의 '예', 권득기, 권시 부자의 '옳음을 추구함', '공평한 마음', '공평한 도리'는 하나로 회통되는 것이다. 정직, 정의, 예의, 옳음, 공정한 마음, 공정한 도리는 모두가 도덕적 가치의 다른 표현에 지나지 않는다. 그것은 인간의 마음에서는 정직한 마음이 되고 공정한 마음이 된다. 그리고 그것이 사회적 정치적으로 적용될 때에는 인간이 지켜가야 할 도리가 되고 예의가 되고 윤리가 된다.

현대사회는 인간의 지성에 바탕하여 첨단과학기술을 자랑하고 경제적, 물질적 풍요를 향유한다. 화려하게 갖추어진 외형에 눈을 돌리고 편리와 감각적 행복에 매몰되어 있다. 그러나 그 이면에 인간의 밝고 착한 자아는 병들고 있고 사회는 반칙과 부정으로 병들어 신음하고 있다. 여기에 인문정신의 새로운 각성과 그 필요성이 제기된다. 인문정신이란 다름 아닌 인간 삶의 기초적 영양소라 할 수 있다. 인간의 존엄, 정직, 예의, 정의, 공정성, 옳음이라는 가치는 인간 삶의 기본이요 기초다. 이것이 없는 행복이나 부귀는 가상에 불과하다. 현대사회가 물질적 부를 추구하고 과학적 편리를 추구하면 할수록 인문정신은 더욱 필요하다. 인문정신이 결여된 부와 행복은 공허한 것일 뿐이기 때문이다. 이러한 관점에서 볼 때 17세기 대전유학을 대표하는 송시열의 '정직 함', '의리', 송준길의 '예', 권득기, 권시 부자의 '옳음을 추구함', '공평한 마음', '공평한 도리'의 인문정신은 현대사회가 직면한 문제 해결에 하나의 대안으로 그 의미가 크다.

참고문헌

『周易』,『論語』,『孟子』,『禮記』,『荀子』,『韓非子』,『朱子四書語類』,『宋子大全』,『同春堂集』,『晩悔集』,『炭翁集』,『僭疑』.

현상윤,『조선유학사』, 민중서관, 1948.

이병도,『한국유학사』, 아세아문화사, 1987.

유승국,『동양철학연구』, 근역서재, 1983.

한승석,「신흠의 사상에 대한 고찰」, 동국대대학원(석사), 2001.

최근묵,「17세기 대전지방의 사림의 동향」,『대전문화』, 제2호, 대전직할시사편찬위원회, 1993.

한기범,「동춘당 송준길의 예학사상」,『동춘당 송준길 연구』, 경인문화사, 2007.

황의동,『기호유학연구』, 서광사, 2009.

황의동,『우계학파연구』, 서광사, 2005.